CONFÉRENCES DU MINISTÈRE DE LA GUERRE
1869—1870

ÉTUDE

SUR

LA FRONTIÈRE DU SUD-EST

DEPUIS L'ANNEXION A LA FRANCE

DE LA SAVOIE ET DU COMTÉ DE NICE

PAR

M. BORSON

COLONEL D'ÉTAT-MAJOR

Extraite de la *Revue militaire française* (nos de mars et avril
1870).

PARIS

LIBRAIRIE MILITAIRE DE J. DUMAINE,

LIBRAIRE-ÉDITEUR DE L'EMPEREUR,

Rue et Passage Dauphine, 30.

1870

Traduction et reproduction réservées.

2e série.—No 5.

ÉTUDE

SUR

LA FRONTIÈRE DU SUD-EST

Paris. — Impr. de Cosse et J. Dumaine, rue Christine, 2.

CONFÉRENCES DU MINISTÈRE DE LA GUERRE
1869-1870

ÉTUDE

SUR

LA FRONTIÈRE DU SUD-EST

DEPUIS L'ANNEXION A LA FRANCE
DE LA SAVOIE ET DU COMTÉ DE NICE

PAR

M. BORSON

COLONEL D'ÉTAT-MAJOR

Extraite de la Revue militaire française (n°ˢ de mars et avril
1870).

PARIS
LIBRAIRIE MILITAIRE DE J. DUMAINE,
LIBRAIRE-ÉDITEUR DE L'EMPEREUR,
Rue et Passage Dauphine, 30.

1870

2ᵉ *série.*—N° 5.

ÉTUDE

LA FRONTIÈRE DU SUD-EST

Aperçu d'ensemble de la frontière du sud-est.

Dans une étude de la frontière du sud-est de la France, on est conduit à embrasser toute la zone qui s'étend depuis Bâle au nord jusqu'à la Méditerranée au midi : car les opérations militaires, comme le démontre l'histoire des campagnes, sont liées entre elles tout le long de cette région, qui ne forme à vrai dire qu'un seul théâtre de guerre, celui du bassin du Rhône.

Deux barrières montagneuses qui se lient l'une à l'autre et se font suite servent de défense avancée à cette frontière; ce sont la chaîne du Jura et celle des Alpes.

Le Jura. Le Jura est formé d'une série de crêtes parallèles qui courent en ligne droite du nord-est au sud-ouest; elles s'élèvent graduellement de l'ouest vers l'est en partant de l'altitude de 500 mètres jusqu'à atteindre celle de 1000 mètres, et renferment entre elles des vallées longitudinales très-étroitës.

Le Jura présente du côté de la Suisse ses points culminants et ses escarpes rapides, dont le pied est baigné par les lacs de Bienne, de Neufchâtel et de Genève.

Le versant occidental offre l'aspect d'un vaste plan incliné dont les ondulations vont en s'abaissant graduellement vers la Saône; et qui est creusé par des cours d'eau dont la direction est perpendiculaire à celles des vallées longitudinales.

L'extrémité méridionale du Jura est marquée par le défilé du fort de l'Ecluse, où le Rhône, peu après sa sortie du lac de Genève, a coupé la haute muraille qui fermait son bassin. On peut donner également pour limite à la chaîne du Jura, au sud, le coude que forme le Rhône à Gordon, lorsqu'après avoir coulé dans une sorte de chenal étroit entre des parois de montagnes, ce fleuve dépasse les derniers contre-forts de la rive droite et se détourne brusquement au nord-ouest pour se diriger sur la Saône et sur Lyon.

Les Alpes. — Les Alpes forment, du côté de l'Italie, une sorte de vaste amphithéâtre semi-circulaire, où se réunissent les sources du Pô, et dont la convexité est tournée vers la France et vers le Rhône.

Les vallées tributaires du Pô sont séparées entre elles par des contre-forts courts et abrupts détachés de la chaîne principale, et leurs directions convergent vers le centre du bassin. Le versant des Alpes forme du côté de l'Italie une zone montagneuse de la largeur moyenne de 8 à 10 lieues; du côté de la France, au contraire, les vallées sont souvent divergentes; les contre-forts se prolongent à de grandes distances et se ramifient à l'infini; l'ensemble du versant forme également une zone montagneuse; mais celle-ci est semée de lacs et coupée par des massifs secondaires dont l'épaisseur jusqu'au Rhône n'est pas moindre de 25 lieues.

La chaîne des Alpes présente donc des deux côtés un aspect bien différent : vue depuis Turin, elle se dresse au-dessus de la plaine comme une muraille qui ferme un jardin ; vue depuis le Rhône, au contraire, l'œil parcourt une série de gradins, en partant des collines jusqu'aux pics couverts de neiges éternelles que Napoléon, dans sa description de l'Italie, compare à des géants de glace placés pour défendre l'entrée de cette belle contrée.

Le bassin du lac de Genève, que traverse la ligne frontière pour passer du Jura aux Alpes, occupe le point où ces deux barrières montagneuses viennent se rapprocher ; ce même bassin, par suite de l'obliquité de la chaîne du Jura, forme un saillant vers la Saône ; ces conditions topographiques suffisent pour en signaler toute l'importance.

Au-dessus du lac de Genève surgit le massif du mont Blanc avec la vaste étendue de ses glaciers. Séparé des montagnes environnantes et, selon l'expression d'un géographe, solitaire dans son auguste majesté, il oppose, par sa masse, un obstacle aux communications entre les deux versants. La vallée de l'Arve, qui y a son origine, n'aboutit à aucun passage sur la haute chaîne ; mais, d'autre part, c'est dans ce même bassin du lac de Genève que viennent déboucher les routes, si importantes au point de vue militaire, du Simplon et du grand Saint-Bernard.

Les passages de ce nom appartiennent à cette partie de la chaîne des Alpes comprise entre le mont Blanc et le Saint-Gothard, qui porte le nom d'Alpes pennines et forme la frontière entre l'Italie et la Suisse.

Au midi du lac de Genève, la liaison entre le Jura, ou plutôt entre le Rhône et les Alpes, se fait par les nombreuses vallées qui ont leur origine à la grande chaîne ; la plus importante est celle de l'Isère, parce qu'elle ouvre deux voies de communication sur Lyon par Grenoble et par Chambéry.

Le contre-fort montagneux qui forme au midi la ceinture de la vallée de l'Isère, et qui se rattache par le mont Thabor à la grande chaîne des Alpes, ferme au nord la tête de la vallée de la Durance.

La partie supérieure de cette vallée est comme une sorte de chemin couvert pour la défense de toute la portion de la chaîne des Alpes comprise entre le mont Thabor, au nord, et les sources de la Tinée, au midi. Toutes les eaux qui en découlent viennent se verser dans la Durance et toutes les communications viennent y aboutir.

Le mont Viso, où le Pô prend sa source sur le versant de l'Italie, est le point culminant et le centre de cette partie de la chaîne des Alpes.

A partir du point où la Tinée prend sa source, la chaîne des Alpes change de courbure et projette ses contre-forts vers la Méditerranée. Le comté de Nice est assis sur leur revers du côté de la mer.

Division de la zone frontière en quatre sections. — Cette esquisse rapide du Jura et des Alpes permet de partager la zone frontière qui s'étend de Bâle à la Méditerranée en quatre sections :

1º Le Jura et la Suisse : à leur étude se rattache celle de la portion de la chaîne des Alpes située entre le Saint-Gothard et le mont Blanc, avec les passages du Simplon et du grand Saint-Bernard ;

2º La portion de la chaîne des Alpes qui s'étend du mont Blanc au mont Thabor, et dont le versant jusqu'au Rhône forme le territoire de la

1.

Savoie ; elle comprend les passages du petit Saint-Bernard et du mont Cenis, et touche au midi à celui du mont Genèvre ;

3° La portion de cette même chaîne comprise entre le mont Thabor et les sources de la Tinée (affluent du Var); elle comprend les passages du mont Genèvre au nord et du col de l'Argentière au midi;

4° Enfin les Alpes maritimes, où l'on ne rencontre qu'un seul passage très-praticable entre les deux versants, celui du col de Tende (1).

Le théâtre de guerre que nous nous proposons d'étudier a ainsi pour divisions naturelles :

Le Jura et la Suisse — la Savoie — la vallée de la Durance — le comté de Nice.

Pour apprécier l'importance de la chaîne des Alpes comme barrière défensive et comme obstacle aux grands mouvements stratégiques, il convient d'indiquer l'altitude des différentes parties de la ligne de faîte.

Entre le Saint-Gothard et le mont Thabor se trouvent le mont Rosa et le mont Blanc, les sommités les plus élevées de l'Europe. Elles atteignent, la première, 4,600 mètres, la seconde, 4,800, dominant ainsi de près de 1000 mètres les pics les

(1) Le *col Ardente*, qui fait communiquer le bassin de la Roja et celui du haut Tanaro, est un sentier à mulets. Le mot *col* indique ici un point de passage plutôt qu'une dépression de la ligne de faîte, car il s'agit en réalité d'un sommet.

plus élevés de la chaîne. En dehors des dépressions qui forment les principaux passages, la chaîne dépasse presque partout la limite des neiges éternelles, et ses deux versants sont en grande partie couverts de glaciers.

Aux sources de la Durance correspond le plus grand abaissement de la chaîne entre la France et l'Italie : car le pas de l'Echelle, sur le flanc méridional du mont Thabor, n'atteint pas 1800 mètres d'altitude en partant d'une vallée qui en a plus de 1300. A partir de ce point, la ligne de faîte se relève rapidement, et son élévation jusqu'au col de Tende varie entre 2,400 et 3,300 mètres ; elle dépasse donc souvent la limite des neiges éternelles, mais elle n'abrite pas de glaciers.

Le mont Viso, qui domine cette partie de la chaîne, surgit comme une pyramide de plus de 3,800 mètres d'altitude.

Partage de l'altitude de la chaîne des Alpes en diverses zones. — Les principaux passages de la chaîne des Alpes qui sépare la France de l'Italie sont ceux que nous avons indiqués plus haut en divisant la zone frontière en quatre sections. Tous, à l'exception de celui du grand Saint-Bernard, sont praticables aux voitures, et leur altitude est comprise entre 1800 et 2,200 mètres, c'est-à-dire entre la limite des derniers hameaux des Alpes et celle de la haute végétation ; celle-ci est marquée par la disparition du pin et du mélèze, les derniers arbres que l'on rencontre en s'élevant sur les sommités. Jusqu'à cette altitude, tous les passages sont débarrassés des neiges pendant cinq mois de l'année, c'est-à-dire depuis les premiers jours de mai jusqu'à la fin de septembre.

Au-dessus de la limite de la haute végétation et jusqu'à 2,800 mètres environ s'étend la zone des pâturages alpestres; les sentiers à mulets qui la traversent ne sont abandonnés par les neiges que pendant les mois de juillet et d'août.

Enfin à 2,800 mètres environ commence la zone stérile et glacée avec sa morne solitude. L'aspect, quoique triste, en est imposant, parce que l'homme, tout en se voyant seul et comme étranger au milieu de ces régions inhospitalières, s'y sent en présence des grandes œuvres de la création et plus près de leur Auteur. Les rares passages qui, à cette altitude, servent de communication entre les deux versants, traversent des glaciers ou des surfaces couvertes de neiges que l'on appelle des *névés*.

Le général de Bourcet, qui était né dans les Alpes et y avait fait longtemps la guerre, leur a consacré de nombreux mémoires, où il a jeté les bases de la géographie militaire de toute cette frontière. C'est à cette source qu'il faut recourir pour trouver une description détaillée que ne comporte pas le cadre de cette étude.

On peut lire également, dans l'ouvrage du général Jomini sur les guerres de la Révolution, une esquisse du bassin de la haute Italie et des considérations pleines d'intérêt sur les difficultés de tout genre que rencontrent, dans la région des Alpes, les mouvements de troupes, la marche des convois et l'approvisionnement d'une armée en vivres et en fourrages.

Parmi les questions traitées par l'illustre écrivain, il en est quelques-unes que nous croyons utile d'indiquer ici, parce qu'elles nous semblent offrir une application pratique des principes de la stratégie, bien que les conclusions ne se rapportent plus exactement à la situation actuelle des deux puissances limitrophes.

Le général Jomini constate d'abord que, dans les Alpes, l'offensive est plus avantageuse que la défensive.

« Si la nature du pays, dit-il, procure d'im-
« menses avantages à la défense locale d'un
« point donné, si elle offre des obstacles au
« développement des grands mouvements stra-
« tégiques offensifs, il faut avouer cependant
« que, sous ce dernier rapport, la défense est
« encore plus difficile que l'attaque.

« Quel moyen de surveiller ces vallées, de
« garder et de défendre tous ces cols ? S'imposer
« cette obligation, ce serait éparpiller 50 ba-
« taillons en toile d'araignée avec 50 autres
« répartis en réserve. Dans chaque vallée le

« même embarras se présente, car il n'y a qu'un
« seul chemin pour unique retraite. »

Si l'on passe ensuite à l'examen comparatif des
conditions où se trouvent, sous le rapport de la
défense, les deux versants des Alpes, on peut
faire les remarques suivantes :

La défensive sur le versant italien semble être
favorisée au premier abord par la disposition
en éventail de ses vallées, qui permet de transporter rapidement des forces d'un débouché à
l'autre ; mais cette même disposition sert dans
une plus grande mesure les vues de l'armée d'invasion, parce qu'elle facilite la réunion rapide
de ses colonnes et son débouché dans la plaine,
où les résultats d'une victoire sont plus déci-
sifs (1).

Le général Jomini, parlant de la situation de
l'ancien Piémont, ajoute ce qui suit :

« Un État tel que la France peut placer des
« postes dans les montagnes et avoir une forte
« masse au débouché dans la vallée centrale ;
« mais la même tactique serait désastreuse pour
« le Piémont, obligé d'évacuer sans coup férir

---

(1) On admet ici que l'armée d'invasion a la supériorité
du nombre. Napoléon en fait une nécessité. « *S'il est*
« *prouvé*, dit-il dans un mémoire écrit en 1794, *qu'on ne*
« *peut se présenter dans la plaine du Piémont qu'avec*
« *des forces supérieures*, etc. » (Voir Jomini, *Histoire*
critique et militaire des guerres de la Révolution.)

« la moitié de ses provinces, et la réserve cen-
« trale étant placée sous les murs de la capi-
« tale, le premier coup serait probablement le
« dernier. »

On peut sans doute suppléer à l'infériorité
des forces par la construction de bons retranchements aux têtes des vallées, et c'est effectivement sur ce système que le Piémont a basé
pendant longtemps sa défense des Alpes. Mais,
fait observer le général Jomini, « ces ouvrages
« sont disséminés sur une ligne étendue, et il
« peut suffire de la chute d'un point pour faire
« tomber toute la défense. Si les retranchements
« sont fermés, il y a presque toujours moyen de
« les éviter, soit en employant un détour, soit
« en usant des mêmes expédients que Napoléon
« au fort de Bard. »

Par contre, la structure du versant oriental
des Alpes donne à l'Italie de grands avantages
pour l'offensive, parce « qu'elle lui permet, selon
« le même auteur, de menacer à la fois, du point
« central de Turin, toute la ligne frontière de-
« puis le haut Isère jusqu'au Var, et en trois ou
« quatre marches de déboucher par *le col de*
« *l'Argentière, le mont Cenis ou le col de Tende.*

« La France n'a que l'avantage d'une énorme
« supériorité de puissance qui la met à même
« de remédier à l'invasion momentanée d'une
« de ses provinces. »

En restant dans le même ordre d'idées, il

pourrait être intéressant d'examiner jusqu'à quel point l'établissement des voies ferrées sur les deux versants des Alpes et la transformation du Piémont en grande puissance militaire ont modifié les conclusions que nous venons d'indiquer; mais ces questions exigeraient un développement que nous ne pouvons leur donner ici, et nous nous bornons à les signaler.

Le bassin du Rhône et de la Saône. — En arrière de la ligne de défense avancée que forment le Jura et les Alpes, et au pied de leur glacis, le Rhône, combiné avec la Saône, creuse une sorte de grand fossé allant du nord au midi, auquel viennent aboutir toutes les routes venant de la frontière.

C'est là une seconde barrière pour arrêter l'ennemi et l'empêcher de porter de prime abord la guerre au cœur du territoire.

Lyon. — Située au confluent de la Saône et du Rhône, cette ville est la clef de ce bassin dont elle occupe le centre. C'est la place de dépôt et le boulevard de cette frontière du Jura et des Alpes dont elle surveille les avenues.

Ses fortifications couronnent les collines qui bordent la rive droite de la Saône et s'étendent, par une ceinture de forts détachés, sur le delta où est assis le camp de Sathonay et sur la plaine basse de la rive gauche du Rhône qui fait face au Dauphiné et à la Savoie. Indépendamment de son importance militaire, Lyon est, par sa population, sa richesse, son influence, la seconde ville de l'empire. A tous ces titres, c'est sur elle que l'ennemi dirigera ses coups, et l'objectif principal de ce théâtre de guerre pour une invasion venant du Jura et des Alpes.

Remarquons en passant que la France, comparée à d'autres pays tels que l'Autriche et l'Italie, sous le rapport des facilités qu'elle offre à une grande invasion, présente cet avantage que les attaques du dehors ne convergent pas vers le centre du pays, c'est-à-dire sur la capitale.

Ainsi l'Autriche, ne formant à proprement parler qu'un seul grand bassin, celui du Danube, dont Vienne occupe le centre, des armées venant des divers points de l'horizon marchent vers un seul et même objectif qui est Vienne, et l'on a vu, dans la campagne de 1809, les armées de Napoléon et du prince Eugène, parties l'une des bords du Rhin, l'autre des rives du Pô, se donner rendez-vous sous les murs de cette capitale.

Dans la guerre de 1866, c'est ce même plan de campagne que recommandait à l'Italie son alliée du nord, dans le but de faire à l'Autriche une guerre à fond.

Pour ce qui concerne la France, la disposition des bassins du Rhône et de la Saône est à elle seule, en cas d'invasion, une diversion puissante en faveur de la capitale, siége de la puissance du pays.

Un corps d'armée qui a fait de Lyon sa base d'opérations attire à lui l'effort de l'armée ennemie qui aurait débouché par les Alpes et le Jura, et oblige ainsi l'invasion à diviser ses forces.

Si ce corps d'armée a des succès, il peut faire un retour offensif par la vallée de la Saône ou par le versant oriental du Jura, et chercher à couper les communications des armées principales sur le Rhin. Tel est le rôle que Napoléon avait assigné à l'armée de Lyon pendant la campagne de 1814.

La sphère d'action de la place de Lyon ne s'étend pas jusqu'aux extrémités du bassin dont elle occupe le centre, c'est-à-dire jusqu'aux sources de la Saône au nord, et jusqu'au littoral au midi ; au nord, comme au midi, se trouvent deux grandes lignes d'invasion avec leurs objectifs distincts.

Trouée de Belfort. — Entre le Jura et les Vosges, on rencontre cette grande dépression de la ligne de faîte de l'Europe qui établit une communication en terrain presque plat entre les bassins du Rhône et du Rhin, et que l'on a appelée *la trouée de Belfort*, du nom de la place de guerre qui est chargée de la surveiller.

Par cette trouée, qui correspond au coude que forme le Rhin à Bâle, une armée ennemie peut pénétrer en France avec des vues diverses.

Elle peut opérer dans le bassin du Doubs et de la Saône, c'est-à-dire sur Besançon ou sur Lyon, ou bien tourner à droite et pénétrer dans le bassin de la Seine pour agir de concert avec les armées qui auraient envahi la France par l'Alsace, la Lorraine et la Champagne.

Langres. — Le rôle de la place de Langres est de s'opposer à cette manœuvre. Assise sur le plateau de ce nom qui sépare nos deux grands versants et munie aujourd'hui d'un camp retranché, elle peut servir de pivot à une armée pour agir sur les deux théâtres de guerre du nord et du midi et pour relier entre elles les grandes places de Lyon et de Paris.

La ligne du littoral. — *Toulon.* — Au midi, la route du littoral de Marseille à Gênes, qui prend à partir de Nice le nom pittoresque de *route de la Corniche,* forme une ligne d'opérations qui a un caractère distinct, parce qu'elle se lie aux combinaisons de la guerre maritime. Elle a d'ailleurs pour objectif spécial Toulon, notre grand arsenal maritime et notre centre d'action sur ce bassin de la Méditerranée que l'on a appelé, par une métaphore un peu hardie peut-être, *un lac français.* Les embarquements rapides de grands corps de troupes effectués à Toulon, lors des guerres de Crimée et d'Italie, en ont fait ressortir toute l'importance.

Dans le cas d'une guerre maritime qui permettrait à l'ennemi une action combinée par terre et par mer, Toulon se présente comme un objectif de premier ordre, dont la perte atteindrait la France dans sa puissance vitale. On refait des armées, on relève des murailles, mais il faut bien du temps pour reconstituer les éléments d'une marine. Toulon d'ailleurs couvre Marseille, ce vaste entrepôt de la richesse de la France et de son commerce avec le Levant.

La frontière du sud-est forme donc, au point de vue de la géographie militaire, un seul théâtre de guerre qui présente trois grandes voies d'invasion : celle du nord par la trouée de Belfort, avec les places de Langres et de Besançon pour objectifs ; celle du centre par le Jura et les Alpes, se dirigeant sur Lyon ; celle du midi par la route du littoral, ayant pour objectif Toulon.

Développement successif des opérations militaires sur cette frontière. — L'histoire militaire confirme cet aperçu tiré de l'étude du terrain ; mais ce n'est que dans les dernières guerres que les opérations militaires ont embrassé ce champ d'action dans toute son étendue. Dans les campagnes de 1706 à 1712 qui suivirent la perte de la bataille de Turin et où la défensive succéda à l'offensive, les généraux de Louis XIV furent chargés de couvrir toute l'étendue de la frontière depuis le fort de l'Ecluse jusqu'à l'embouchure du Var, c'est-à-dire celle qui correspond à la partie sud du bassin du Rhône. Dans la campagne de 1814, que nous retracerons plus loin, l'armée autrichienne prit pour pivots de manœuvre Bâle et Genève et pour objectifs Besançon et Lyon, c'est-à-dire qu'elle étendit ses opérations à toute la partie nord de ce même bassin. Jusque-là chaque partie de ce théâtre de guerre s'était trouvée engagée isolément ; mais en 1815 les armées de la coalition envahirent cette frontière à la fois par les défilés du Jura et par tous les passages des Alpes, depuis le Simplon jusqu'au col de Tende. C'est là, selon toute apparence, le caractère que prendra désormais la guerre d'invasion sur cette frontière, par suite de l'accroissement de l'effectif des armées et des facilités qu'offrent les voies ferrées pour agir sur des bases d'opérations de plus en plus étendues.

Voie ferrée stratégique de Genève à la vallée de la Durance. — La défense est appelée à son tour à profiter des mêmes avantages, et c'est ici le lieu de signaler l'importance stratégique d'une voie ferrée actuellement en construction. C'est celle qui, partant de notre extrême frontière vers le Valais, où elle s'embranche à la route du Simplon, longe le littoral du lac de Genève, passe à peu de distance de cette ville, touche Annecy, Chambéry, Grenoble, Gap, et, suivant la vallée de la Durance, se bifurque pour aboutir d'une part au Rhône et pour rejoindre de l'autre la ligne du littoral. Rapprochée du pied des montagnes et des débouchés des hautes vallées, vers lesquelles elle poussera ses embranchements, cette voie ferrée sera une sorte de chemin couvert au pied du rempart des Alpes.

Après cet aperçu d'ensemble du théâtre de guerre du sud-est, nous allons étudier de plus près les différentes régions suivant la division que nous avons établie. Nous le ferons dans l'ordre suivant :

1° Les Alpes maritimes et la frontière de Nice ; 2° la vallée de la Durance ; 3° le Jura et la Suisse ; 4° la Savoie.

Nous avons classé en dernier lieu la Savoie, qui forme la partie centrale de cette frontière, afin d'en traiter avec un peu plus de développement.

I

Les Alpes maritimes et la frontière de Nice.

Toulon, avons-nous dit, est le grand objectif de la ligne d'invasion par le littoral ; et si l'on réfléchit aux changements de territoires qui ont fait de l'Italie une puissance militaire importante, ayant son centre non plus dans le bassin du Pô, mais derrière l'Apennin ; si l'on considère en outre qu'en cas de guerre avec la France, l'Italie devra rechercher l'alliance de quelque grande puissance maritime pour couvrir le vaste développement de ses côtes, on reconnaîtra que cette importance de Toulon n'est pas près de s'amoindrir (1).

(1) Dans une étude de la nature de celle-ci, on est obligé de recourir à ces sortes d'hypothèses pour faire res-

Cette offensive contre Toulon a plusieurs précédents dans l'histoire; mais, si elle a toujours excité de vives alarmes, jamais elle n'a été couronnée de succès. J'écarte en effet son occupation en 1793 par les flottes combinées d'Espagne et d'Angleterre, auxquelles la place fut livrée par la population elle-même. C'est là un fait exceptionnel comme le régime de terreur qui pesait alors sur la France.

Expédition de 1707 contre Toulon. — La plus mémorable de ces expéditions est, sans contredit, celle qui fut dirigée par le prince Eugène de Savoie et le duc Victor-Amédée, en 1707, c'est-à-dire dans l'année qui suivit cette bataille de Turin où la France perdit en une seule journée toutes ses conquêtes en Italie.

C'étaient les vainqueurs qui venaient porter à leur tour en France la guerre qui avait sévi pendant tant d'années dans les riantes plaines de la Lombardie et du Piémont.

sortir l'importance de certaines positions et faire mieux saisir les propriétés caractéristiques du terrain. L'hypothèse d'une guerre entre l'Italie et la France est non-seulement éloignée de toute prévision, mais l'auteur de cet article éprouve le besoin de dire qu'il en écarte personnellement la pensée. Il ne pourrait oublier, sans faire tort à ses sentiments, qu'il a eu l'honneur de servir dans l'armée sarde jusqu'à l'annexion de son pays à la France, et qu'il compte dans l'armée italienne bon nombre d'anciens camarades et d'amis.

L'armée austro-sarde franchit le col de Tende, s'avança jusqu'au Var, qui n'était que faiblement garni, et dont les défenses furent emportées après une certaine résistance. La flotte anglaise, qui longeait la côte pour fournir à l'armée ses approvisionnements et transporter l'artillerie de siége, coopéra à l'attaque de ces positions par le tir de ses chaloupes canonnières.

Le Var franchi, l'armée ennemie s'avança sur Toulon sans rencontrer d'autre obstacle que les défilés de l'Esterel qui couvrent cette ville à l'est. Sa marche fut très-lente, car elle ne mit pas moins de quinze jours pour parcourir la distance qui sépare le Var de Toulon, et qui est de 160 kilomètres. Cette lenteur s'explique par les difficultés du terrain et par la nature du pays.

La Provence, en effet, qui a pour elle son beau ciel et ses horizons lumineux, n'offre qu'un sol stérile, des crêtes dénudées ou couvertes de bruyères, et ne produit ni fourrages ni ressources pour l'approvisionnement d'une armée. L'armée austro-sarde en fut réduite à vivre presque entièrement sur les transports maritimes, bien que les relations avec la flotte fussent rendues difficiles par l'âpreté de la côte.

En outre, ainsi que le fait observer M. Lavallée, le pays qui s'étend entre la Durance, le Var et la mer, n'est qu'un amas confus de montagnes et de vallées qui n'ouvrent aucune voie parallèle au littoral, et par conséquent favorable à une in-

vasion. Quoi qu'il en soit, cette lenteur des ennemis
sauva la place, qui se trouvait alors presque sans
défense du côté de terre et dégarnie de troupes.
Elle donna le temps de faire venir des frontières
de la Savoie et du Dauphiné, les forces qui
avaient été concentrées en vue d'une attaque pro-
bable de ce côté.

On peut voir par la correspondance du maréchal de Tessé, auquel revient en grande partie
l'honneur de la défense de Toulon, le patriotisme
dont firent preuve dans cette circonstance les
différentes classes de la population.

La noblesse de Provence accourut au premier
signal du danger et plusieurs milliers de paysans
se jetèrent dans les bois de l'Esterel pour les défendre d'abord, puis pour harceler l'armée ennemie lorsqu'elle fut obligée de reprendre le
chemin du Piémont. Sa retraite, au milieu de populations hostiles et dans un pays montueux et
sans ressources, fut très-difficile, ce qui faisait
dire au duc Victor-Amédée « qu'il était facile
« d'entrer en France, mais qu'il était difficile
« d'en sortir ».

Voyons maintenant quelles nouvelles sûretés
la possession de Nice et de son territoire donne
à la France pour la protection de la route du littoral et de la place de Toulon.

Défense du Var.—L'ancienne frontière suivait
le cours du Var, qui était une barrière de quelque importance, quoiqu'elle ne fût pas suscep-

tible d'arrêter une armée. Le Var est un torrent sujet à des crues subites et à des débordements, mais qui en temps ordinaire n'a qu'un faible volume d'eau et peut être passé à gué sur plusieurs points.

Napoléon, en traitant de la défense de l'Italie, dit dans ses *Commentaires* : « Pour que le Var « fût un obstacle de quelque considération, il « faudrait un fort qui barrât à l'embouchure les « eaux, détruisît les gués et donnât des inonda- « tions. »

Les collines de la rive droite commandent la rive gauche à la distance de 600 mètres environ, qui est la largeur du lit du torrent ; elles peuvent être facilement retranchées.

Depuis l'annexion de Nice, la France possède le cours de la Tinée, affluent principal du Var, qui formerait avec le cours inférieur de cette rivière la véritable ligne de défense, parce qu'elle va directement des Alpes à la mer. La Tinée, ainsi que le Var supérieur, coule entre les montagnes hautes et escarpées qui sont impraticables à l'artillerie et à la marche de corps de troupes.

La gauche de la ligne serait donc difficilement forcée. « Tous les obstacles du haut Var, dit le « général Bourcet dans un mémoire sur la dé- « fense de cette rivière, peuvent être disputés « pied à pied ; ils sont pleins de défilés où l'on « peut se retrancher. »

Ce même général émet l'opinion que, le cours

du Var étant gardé convenablement, on pourra difficilement entrer en Provence.

Les faits survenus postérieurement ont semblé confirmer cette opinion.

En 1800, Suchet a défendu avec succès le Var contre Mélas, qui, après avoir investi Gênes et occupé tout le Piémont, cherchait à porter la guerre en France, au moment même où Napoléon, après avoir dérobé au général autrichien la formation de l'armée de réserve, débouchait par le grand Saint-Bernard et manœuvrait pour lui couper ses communications avec ses places de la Lombardie.

Deux faits me paraissent mériter d'être rappelés dans cette défense du Var.

Le premier, c'est que Suchet, quoique effectuant sa retraite devant des forces supérieures qui le pressaient vivement, sut conserver une tête de pont sur le Var, qui a sur ce point 6 à 700 mètres de largeur, et s'en servit avec la plus grande habileté pour ses retours offensifs.

Quand on visite ces positions et que l'on considère la longueur et la difficulté de la communication que forme entre les deux rives un pont de bois qu'une crue pouvait emporter; quand on se rend compte combien cette tête de pont jetée sur la rive gauche, en face d'une armée victorieuse, recevait peu de protection de l'artillerie de la rive droite, on est frappé de ce trait d'audace de Suchet. Aussi le général Jomini, dans le récit de cette défense, croit-il devoir citer le nom de l'officier du génie qui sut en vingt-quatre heures de travail faire d'un ouvrage de campagne une fortification respectable.

Ce même auteur, remarquant ensuite que ce n'est pas là un fait isolé, mais qu'il faut généraliser l'éloge, ajoute : « C'est une justice rendue « par tous les militaires de l'Europe aux ingé- « nieurs français, qu'ils ont pendant ces guerres « surpassé dans ce genre de travaux tous leurs « devanciers. Ils ont mieux saisi les avantages « du terrain, ils ont donné à leurs tracés des « développements plus étendus et mieux calculés « pour l'emplacement de l'artillerie, la direction « et l'économie des feux, et pour les mouvements « et l'action des troupes destinées à la défense « des positions retranchées et des postes fermés « de toute espèce. »

Le second fait qui mérite d'être rappelé, c'est l'emploi qui fut fait, pour la défense du Var, de la télégraphie, inventée depuis peu.

Un télégraphe avait été installé sur le point culminant des positions françaises et correspondait avec la station du fort Montalbant au-dessus de Nice, qui était demeuré entre les mains des Français.

Suchet était ainsi averti de tous les mouvements qui s'opéraient dans le camp des Autrichiens et de leurs dispositions d'attaque.

La Roja. — Aujourd'hui la frontière de la France est transportée des bords du Var au cours

de la Roja, torrent impétueux qui se précipite
depuis le pied du col de Tende et va droit à la
mer, coulant dans un lit étroit et fortement encaissé.

Le col de Tende est, nous l'avons dit, la seule
route praticable à une armée sur toute la chaîne
des Alpes maritimes; toutes les autres communications qui vont du Piémont dans le comté de
Nice ne sont que des sentiers à mulets côtoyant
des précipices et impraticables pendant la mauvaise saison.

Tracé de la nouvelle frontière. — Le tracé
actuel de la frontière sur la Roja est assez com-
pliqué. L'Italie est restée maîtresse de la partie
supérieure de la vallée, qui s'ouvre au pied du
col de Tende, ainsi que de l'embouchure, qui
est commandée par le fort de Ventimiglia.

La France occupe la partie moyenne du cours
de la rivière, avec les petites bourgades de Breglio
et de Saorgio, dont la dernière possédait un
château fort aujourd'hui ruiné. La France est
ainsi maîtresse de ces contre-forts des Alpes maritimes situés entre le Var et la Roja, qui lui ont
été disputés pied à pied par l'armée austro-
sarde pendant les deux campagnes de 1792 et
1793.

*Positions des cols de Braus et de Perus. Ligne
de l'Authion et Saorgio.* — Ces contre-forts
sont autant d'échelons successifs pour la défense
du littoral, et forment une suite de positions

2.

militaires dont les plus importantes ont été le théâtre de combats très-vifs. Ce sont : le contre-fort du col de Braus, entre Lescarène et Sospello ; celui du col de Perus, entre cette dernière localité et Breglio ; et enfin la ligne de défense de l'Authion et Saorgio, adossée au col de Tende et qui a servi de dernier réduit à l'armée sarde pendant les campagnes de la Révolution.

Cette dernière position, l'une des plus fortes des Alpes, est ainsi décrite par le marquis Costa de Beauregard, colonel d'état-major, qui a fait dans l'armée sarde les campagnes du comté de Nice, et qui est l'auteur de plusieurs ouvrages historiques et militaires très-estimés (1).

« La ligne de Saorgio embrassait, dit-il, le « bassin de Tende par un demi-cercle appuyé à

(1) Le colonel Costa de Beauregard fut envoyé en 1796 auprès de Napoléon, en qualité de commissaire sarde, pour traiter de l'armistice de Cherasco, et il a donné de cette entrevue un récit plein d'intérêt. Napoléon, dans ses mémoires, dit à cette occasion que le colonel Costa s'exprimait avec *facilité*, avait *de l'esprit et se montra sous des rapports avantageux*.

Après la restauration de 1814, le marquis Costa de Beauregard ayant repris du service, fut chargé de réorganiser le corps d'état-major sarde. Il a réuni, sous le nom de *Portefeuille militaire*, les mémoires qu'il avait composés pour les conférences où il réunissait ses officiers. Il est l'auteur des *Mémoires historiques sur la maison royale de Savoie*.

« droite et à gauche à des points regardés
« comme inaccessibles. Elle se composait de
« postes excellents et que leur liaison rendait
« plus forts encore. Les principaux étaient le
« camp retranché de l'Authion, renommé pour
« la victoire qu'y avaient remportée les troupes
« du roi l'année précédente (1793); la grande
« redoute de la Marta, fraisée, palissadée et pou-
« vant contenir plusieurs bataillons ; enfin le
« château de Savourges (Saorgio). »

Pour donner une idée du relief de ces positions,
je dirai que le camp de l'Authion a 2,000 mètres
d'altitude, tandis que Saorgio, sur la Roja, est à
500 mètres au-dessus du niveau de la mer ; le
contre-fort qui relie ces deux positions a donc
un relief de 1500 mètres et ne peut être gravi
qu'en quatre heures de marche.

Col Ardente et vallée du Tanaro.—La redoute
de la Marta, dont il vient d'être question, touche
au col Ardente, dont le nom est resté célèbre
dans l'histoire de ces campagnes. Cette position
est une des têtes du contre-fort qui forme le
versant gauche de la vallée de la Roja, et son
revers opposé domine les sources du Tanaro.

La vallée du Tanaro, qui a son origine près du
col de Tende, a une direction parallèle au littoral
et forme comme un fossé de ceinture au pied de
l'arrière-chaîne des Alpes maritimes.

L'importance militaire de cette vallée réside
dans la facilité qu'elle donne pour prendre de

flanc toutes les lignes de défense de cette partie du littoral qu'on appelle la *rivière de Gênes*. Elle ouvre en Piémont une entrée que ferme plus en aval la position de l'ancien camp de Ceva.

Lorsque Masséna, dans la campagne de 1794, se décida à prendre une offensive vigoureuse, renonçant à attaquer de front les lignes piémontaises de l'Authion et Saorgio, il chercha à les tourner par leur gauche. Faisant filer, à cet effet, une partie de son armée le long de la mer, il jeta un corps de troupes dans la vallée du Tanaro.

Cette manœuvre hardie réussit, et, le 27 avril 1795, la position du col Ardente, où 5,000 Piémontais occupaient un camp retranché couvert par des hauteurs, fut emportée par les Français. Cette perte et la reddition prématurée du fort Saorgio décidèrent l'armée sarde à repasser le col de Tende pour s'établir sur le versant du Piémont, laissant ainsi l'armée française maîtresse de tout le versant maritime des Alpes et d'une partie de la rivière de Gênes.

Opinion de Napoléon sur l'importance de la ligne de la Roja pour la défense de l'Italie. — Napoléon, traitant de la défense de l'Italie, fait ressortir l'importance de la ligne de la Roja en quelques mots qui jettent un grand jour sur les propriétés offensives et défensives de cette frontière.

« Le Var passé, dit-il dans ses *Commentaires,*

« et l'armée maîtresse du comté de Nice, il faut,
« pour entrer en Italie, passer le col de Tende
« ou continuer à longer la mer jusqu'à Oneille
« pour passer les Alpes à Ponte di Nava et gagner
« le Tanaro.

« Pour s'opposer à tous ces projets, la meil-
« leure ligne à prendre est celle de la Roja. La
« droite de cette ligne s'étend du col de Tende
« à Saorgio, le centre de Saorgio à Breglio et la
« gauche à la mer. La place de Saorgio et un
« petit fort sur les hauteurs de Breglio servi-
« raient d'appui à cette ligne et garderaient la
« chaussée qui conduit à Tende. Cette ligne
« forcée, la rivière de Gênes en offre plusieurs
« autres, telles que les rameaux du monte
« Grande qui couvrent San Remo (1), mais alors
« le col de Tende reste en dehors de la ligne et
« doit être défendu par les places de Coni et par
« un corps placé en Piémont. »

*Lignes de défense de l'Italie sur la frontière
de Nice.* — Les positions de Breglio, de Saorgio et de l'Authion appartiennent aujourd'hui à

(1) L'expression *couvrent San Remo* doit s'entendre
en faisant face à la France, puisqu'il est question de la
défense de l'Italie. L'examen de la carte fait voir qu'il
s'agit ici, dans la pensée de Napoléon, du contre-fort qui
sépare la Nervia de la Taggia et qui a son origine au col
Ardente, et non du monte Grande, qui lui est parallèle
et plus éloigné de la Roja. Le nom du monte Grande figure
donc ici par inadvertance.

la France. L'Italie est restée maîtresse du col
Ardente et du contre-fort qui en descend et qui
sépare la Roja de la Nervia. Cette ligne de défense, dont la gauche est appuyée à Ventimile, a
servi en 1747 de camp retranché à un corps de
troupes piémontaises fort de 40 bataillons et qui
était destiné à couvrir le haut Tanaro et la rivière de Gênes ; ce camp était adossé à l'agréable
vallée de Dolce Acqua, renommée pour l'abon-
dance et la salubrité de ses eaux.

Si cette ligne de défense était trop exposée ou
manquait de point d'appui sur la droite, l'armée
italienne pourrait s'établir plus en arrière, sur le
contre-fort qui tombe à San Remo ; mais alors la
place de Ventimiglia demeurerait isolée.

Une circonstance à noter, c'est que le col Ardente et la tête de la vallée du Tanaro qui donne
une entrée en Piémont, faisaient partie de l'ancien comté de Nice ; tandis que l'arrondissement
de ce nom avait pour limites sur la Roja, à peu
de chose près, celles qui ont été cédées à la
France. C'est ce qui explique comment l'expression de *comté de Nice* ne figure pas dans le traité
d'annexion.

Ce fait paraîtra tout à fait naturel : car la
France n'entendait pas évidemment empiéter sur
le versant du bassin du Pô, et l'équité, d'ac-
cord ici avec la bonne politique, voulait que,
tout en prenant les sûretés nécessaires à la sécurité de ses frontières, elle n'acquît pas sur

l'Italie des avantages offensifs trop considérables.

Tracé de la frontière le long de la chaîne des Alpes maritimes. — L'Italie a conservé également, aux termes du traité, la possession des têtes de vallées qui ont leur naissance à la chaîne des Alpes entre l'ancienne frontière et le col de Tende, de manière à rester complétement maîtresse de la ligne de faîte et des passages qui la traversent. A l'exception d'un petit hameau et de quelques bergeries, ces têtes de vallées sont inhabitées jusqu'au col de Tende, et ne sont guère que des gorges sauvages et pleines de rochers. La conservation de cette zone montagneuse est une mesure de précaution; elle ne donne pas à l'Italie d'avantages offensifs de quelque importance, et cela pour deux motifs : les passages alpestres qui traversent cette chaîne ne permettent pas, à raison de leurs difficultés, la marche de corps de troupes de toutes armes, et, en second lieu, les vallées de la Vésubie et de la Tinée, par lesquelles ont pourrait descendre sur la route du littoral, ne sont que des coupures étroites, où ces rivières coulent entre des parois escarpées. Les routes, encore inachevées aujourd'hui, construites le long de ces vallées, sont en partie creusées dans le roc et forment des défilés où l'on pourrait arrêter facilement la marche d'un corps d'armée. Quant aux communications latérales entre les vallées, elles sont d'un parcours très-pénible, en raison de l'altitude et de l'âpreté des montagnes.

Il résulte de ces considérations que, par l'acquisition du territoire de Nice, la France est entrée en possession de positions militaires qui ont toujours joué un rôle important pour l'attaque ou pour la défense du littoral.

Par l'occupation de Breglio et de Saorgio, elle est fortement établie dans cette vallée de la Roja, dont la ligne de défense couvrait naguère à la fois le col de Tende et la rivière de Gênes, c'est-à-dire les deux entrées de l'Italie sur cette frontière. Enfin le bassin de Nice et les crêtes qui le dominent, au nord et à l'est, se prêtent à l'établissement d'un camp retranché qui serait comme une défense avancée de Toulon et servirait à asseoir la puissance de la France sur tout ce littoral.

Aspect et configuration des montagnes du comté de Nice. — Avant de quitter les montagnes du comté de Nice, je ferai une remarque dont il faut tenir compte dans l'étude des opérations militaires sur le versant des Alpes maritimes, et que l'examen de la carte ne fait pas assez ressortir.

Ces montagnes ont un relief presque aussi considérable que celles de la Suisse et de la Savoie; mais elles en diffèrent par leur configuration et leur peu de fertilité. Dans ces dernières, les vallées sont plus élevées et les versants présentent des plateaux étagés, souvent occupés par des villages, en sorte qu'on arrive par des pentes relativement douces jusqu'à des altitudes considérables. Les contre-forts des Alpes maritimes, semblables en cela à ceux du versant du Pô, offrent au contraire de vastes plans inclinés, à pentes roides et souvent uniformes de la base au sommet.

En Suisse et en Savoie, lorsque les neiges se sont retirées, c'est-à-dire vers les mois de mai et de juin, les montagnes se couvrent d'un manteau de verdure; les chalets se peuplent et la région des hauts pâturages, presque partout arrosée grâce au voisinage des neiges, est parcourue par de nombreux troupeaux.

Il y a tel chalet, perdu au milieu des montagnes de la Savoie et entouré de glaciers qui descendent jusqu'au milieu des prairies, où l'on compte jusqu'à quatre cents têtes de bétail.

« C'est une erreur de croire, écrit le maréchal « de Tessé au ministre de la guerre, en 1707, « que toutes ces provinces, qui paraissent sèches « et stériles, ne soient ni peuplées ni abon- « dantes : elles ont toutes des hommes, du blé « et des fourrages. »

Les montagnes des Alpes maritimes sont généralement dénudées et stériles sur les crêtes élevées, et leurs versants n'offrent d'autre verdure qu'une herbe maigre et brûlée sous le souffle du vent de mer. L'absence de pâturages ne permet guère d'y élever que des troupeaux de brebis.

En outre, l'action destructive de l'eau y a mis le rocher à nu sur de grandes surfaces, et certaines régions autrefois habitées ont dû être abandonnées.

En un mot, la vue de ces montagnes, pour le voyageur qui débouche du col de Tende et de quelques-uns des passages de la chaîne, offre l'image de la solitude et de la stérilité; mais lorsque, quittant la région montagneuse, on se rapproche du littoral, ou bien encore lorsqu'on descend dans le fond des vallons arrosés par quelque cours d'eau, la scène change et l'on trouve des bassins, tels que celui de Nice, couverts de la plus riche végétation et où les cultures de la zone tempérée se mêlent aux arbustes des pays chauds.

II

La vallée de la Durance.

Entre les grandes voies d'invasion que nous avons indiquées et qui se dirigent sur Lyon et sur Toulon, on rencontre des lignes d'opérations et des objectifs d'importance secondaire : ce sont les places fortes de la Durance, qui surveillent la partie de la frontière des Alpes entre le Var et la Savoie, et dont nous allons traiter très-brièvement.

Places de la Durance et passages des Alpes qui aboutissent dans cette vallée. — La vallée de la Durance, qui aboutit au Rhône inférieur, correspond à plusieurs passages importants des Alpes, parmi lesquels il faut distinguer les suivants :

Le *mont Genèvre* aux sources de la Durance. C'est le col le plus commode de toute la chaîne des Alpes qui sépare la France de l'Italie; le sommet du plateau est occupé par un village, tandis que les cols du mont Cenis et du petit Saint-Bernard n'ont que des maisons hospitalières.

Louis XIII, accompagné du cardinal de Richelieu, franchit, dans les premiers jours du mois de mars 1629, le mont Genèvre au milieu des neiges qui le recouvraient encore.

L'armé française descendue dans la vallée de la Doire força la triple ligne de retranchements construits en aval de la position d'Exilles, et qu'on appelait les *barricades de Suze.* Quelques jours après, le 11 mars, le duc de Savoie, était obligé de signer la paix.

Le passage du mont Genèvre a été pratiqué comme voie d'invasion en Italie depuis l'époque la plus reculée, c'est celui que traversait César pour se rendre de Rome à Genève (1).

Il est gardé par la place de Briançon, et plus

(4) César, voyageant avec toute la célérité possible, met-

en aval par celles de Mont-Dauphin et d'Embrun.

Les *cols de l'Agnel et du mont Viso*. Ce dernier, plus élevé de 300 mètres environ que celui du grand Saint-Bernard, fut franchi avec une merveilleuse audace par François Ier, lorsqu'âgé de vingt et un ans à peine, il descendit en Italie à la tête de son armée pour livrer la bataille de Marignan. Ce passage est gardé par le fort Queyras.

Le *col de l'Argentière*. Ce passage ouvert et facile a été franchi par le prince de Conti en 1746, lors de son expédition malheureuse sur Coni. Il vient de la vallée de la Stura, et aboutit, sur le versant français, à celle de Barcelonnette, qui a appartenu au Piémont jusqu'en 1715. Ce débouché est gardé par le fort de Tournoux.

Malgré ses communications nombreuses et relativement faciles avec l'Italie, la vallée de la Durance n'est pas propre à servir de grande voie d'invasion en France. Son importance se rattachait surtout à cette période de la guerre où la prise d'une forteresse et l'occupation d'une province que l'on mettait à contribution servaient d'objectifs à toute une campagne.

tait huit jours à faire le trajet de Rome à Genève. Napoléon, en rappelant ce fait, ajoute qu'il y employait quatre jours ; aujourd'hui, grâce aux voies ferrées, le voyage se ferait en deux jours. Le mot *jour* doit s'entendre ici de vingt-quatre heures.

Il faut ajouter que la place de Briançon, par son rapprochement du mont Genèvre et des vallées d'Oulx et de Pragelas, qui s'ouvrent directement sur Turin, a toujours eu une action offensive sur le bassin du Pô. Ces vallées ont été possédées par la France jusqu'au commencement du siècle dernier et ont été le théâtre de luttes très-vives entre les deux nations voisines.

Depuis que la guerre a pris des proportions plus vastes et que ses opérations sont devenues plus rapides, et surtout depuis la construction de la grande route du mont Cenis, l'intérêt s'est porté sur les vallées de la Maurienne et de la Tarentaise, qui ouvrent un accès direct sur le Rhône. La vallée de la Durance, aride et dénuée de ressources, n'offre d'ailleurs aucune voie commode pour pénétrer en France. Elle est séparée des bassins de l'Isère et du Rhône par le massif du mont Pelvoux, surnommé *le mont Blanc du Dauphiné*, qui est couvert de glaciers et de neiges éternelles, et qui forme, entre les provinces françaises de ses deux versants, une barrière plus haute et plus abrupte que la grande chaîne des Alpes qui lui fait face.

Une armée ennemie qui s'engagerait dans la vallée de la Durance y serait arrêtée par les nombreuses positions défensives qu'on y rencontre, et elle courrait le risque d'être en partie détruite.

Campagne de 1710. — Dans la campagne de

1710, il arriva cependant que la vallée de la Durance fut choisie comme route d'invasion en France par une armée austro-sarde, parce qu'elle conduisait dans les départements du Midi, où était le foyer de l'agitation religieuse suscitée par les protestants ou religionnaires qui appelaient de leurs vœux l'intervention étrangère.

Le plan de campagne du duc de Savoie me paraît assez curieux pour mériter d'être rapporté, parce qu'il sert à mettre en évidence les relations des opérations militaires avec le terrain, sur la partie du théâtre de la guerre que nous étudions. Le voici tel qu'il est emprunté à la correspondance du maréchal de Berwick avec la cour :

« Le maréchal de Berwick fit part à Sa Majesté
« de ce qu'il avait appris du dessein qu'avaient
« formé les ennemis en s'avançant par la vallée
« de la Stura. Suivant les rapports auxquels il
« crut devoir ajouter foi, ils s'étaient proposé
« de se rendre maîtres de toute la vallée de
« Barcelonnette, d'y faire venir toute la cavalerie
« restée près de Coni, de s'allonger ensuite par
« leur gauche jusqu'à la Durance, de passer
« cette rivière et de se porter à Gap pour favo-
« riser la révolte des malintentionnés et des
« nouveaux convertis, de se jeter ensuite dans le
« Diois, où étaient plusieurs réfugiés qui étaient
« les chefs de la révolte et qui avaient leur monde
« prêt. La descente que la flotte ennemie (anglo-

« hollandaise) devait effectuer à Cette avait été
« combinée avec les opérations de l'armée dans
« les Alpes, et les ennemis prétendaient par là
« allumer le feu en même temps dans le Dau-
« phiné et dans la Provence et le communiquer
« de Die dans le Vivarais, le long de la Drôme et
« de la vallée de Crest. Ils prétendaient en
« même temps s'emparer sans coup férir de
« Sisteron, Seyne et Digne et couper entièrement
« les communications avec la Provence. »

Mais, tandis que les troupes du Roussillon obli-
geaient l'ennemi à se rembarquer et que l'envoi
d'un fort détachement à Gap contenait les mé-
contents, le maréchal de Berwick, chargé de la
défense des Alpes, arrêtait par ses excellentes
dispositions l'armée ennemie, forte de soixante-
dix bataillons et de soixante-dix escadrons, au
moment où elle s'apprêtait à pénétrer en France.

*Position de Tournoux et ligne défensive des
Alpes du maréchal de Berwick.* — Le maréchal
occupa à cet effet la position de Tournoux, qui
prend de flanc le débouché du col de l'Argentière
et communique, en arrière, par un chemin praticable à l'artillerie, avec la place de Briançon. Le
camp de Guillestre établi entre ces deux places
surveillait les débouchés des Alpes et couvrait
les derrières de la position, d'où l'on donnait la
main à la défense du Var par les forts de Colmar,
d'Entrevaux et par quelques autres postes fortifiés. Tournoux était l'appui de la droite, et

Briançon était celui du centre de cette grande ligne défensive des Alpes, dont nous retrouverons la gauche au camp retranché de Barraux en Savoie, et à laquelle l'histoire militaire a attaché le nom du maréchal de Berwick.

Ce grand homme de guerre, saisissant avec habileté les avantages du terrain et le caractère particulier de la guerre de montagnes, vit les inconvénients que présentent, pour la défensive de la France, la courbure des Alpes et la structure de la chaîne. Elles permettent à une armée italienne, qui occupe le centre du bassin du Pô, de menacer à la fois tous les passages des Alpes, obligeant ainsi l'armée française à manœuvrer sur une circonférence dont elle-même occupe la corde. Pour y remédier, le maréchal de Berwick choisit, dans ce vaste labyrinthe de vallées et de montagnes, une ligne ayant un saillant au centre et refusant les ailes, et il abandonna tout le terrain situé en avant.

C'est ce qu'il explique très-bien lorsque, étant pressé d'avancer son aile gauche pour couvrir la Tarentaise, il répondait que *sa ligne eût été trop droite.*

Des camps et des postes fortifiés, échelonnés le long de cette ligne et communiquant entre eux par des passages alpestres et par des sentiers de montagnes entretenus avec soin et rendus praticables à l'artillerie légère, assuraient les communications du centre avec les deux ailes et réciproquement. Ce sont ces manœuvres que l'illustre maréchal appelait ses *navettes*.

Il écrivait le 8 mai 1709 à Louis XIV :

« Toute cette guerre consiste à tâcher de ne
« point ignorer les mouvements de l'ennemi et
« à faire ses navettes à propos, à couper au plus
« court pendant que l'ennemi est obligé de faire
« un circuit.

« C'est là, Sire, ce que je crois avoir trouvé
« en mettant mon centre à Briançon. Si l'en-
« nemi se porte avec toute son armée vers la
« Provence, je le vois venir de loin, car il a le
« comté de Nice à traverser. On l'amusera pen-
« dant quelques jours au passage du Var et je
« coupe au court à Toulon. S'il retourne sur ses
« pas, je suis encore avant lui à Briançon en
« remarchant par ma queue.

« S'il se porte en Savoie, j'y suis du moins
« aussitôt que lui par le Galibier, et lui barrant
« l'entrée de la Maurienne, je le rejette dans la
« Tarentaise ; par conséquent, je suis toujours
« plus à la portée du Rhône et de l'Isère que
« lui. »

Plus tard, c'est-à-dire après les campagnes de 1709 et de 1710, il résuma lui-même ses idées sur la défense des Alpes dans un mémoire au roi, qui est un véritable modèle de haute conception stratégique et de clarté. Nous en extrayons ce qui suit :

« La défensive des Alpes était difficile, vu

3.

« qu'un ennemi qui se tenait dans la plaine du
« Piémont et qui avait son projet formé pouvait
« se porter tout d'un coup avec toutes ses forces
« du côté qu'il voulait ; au lieu que, incertains
« de ses desseins, nous étions obligés de nous sé-
« parer pour porter notre attention de tous
« côtés.

« J'imaginai un emplacement par lequel je me
« trouvais à portée de tout et en état d'arriver
« partout avec l'armée, ou du moins avec des
« forces suffisantes pour barrer le passage aux
« ennemis.

« *Je me fis donc l'idée d'une ligne dont le centre*
« *avançait, et la droite et la gauche étaient en*
« *arrière, en sorte que je faisais toujours la*
« *corde, et que les ennemis nécessairement fai-*
« *saient l'arc.*

« Je pris Briançon pour point fixe du centre,
« où devait être le gros de mes troupes et d'où
« je devais les faire filer sur la droite ou sur la
« gauche, selon les mouvements des ennemis.

« Ma ligne à gauche passait par le col du Ga-
« libier, tombait à Valoire, de là à Saint-Jean
« de Maurienne, et puis à couvert de l'Arc jus-
« qu'à son embouchure dans l'Isère, que je
« suivais jusqu'à Montmélian et Barraux, où
« j'avais un camp retranché. »

Ces manœuvres eurent un plein succès et le
maréchal réussit à couvrir, derrière cette barrière, la vaste étendue de frontière de Genève

au Var, pendant les trois campagnes de 1709 à 1712, c'est-à-dire jusqu'à la paix.

III

Le Jura et la Suisse.

Transportons-nous maintenant à l'autre extrémité de ce théâtre de guerre du sud-est, et examinons avec quelques détails les obstacles que la configuration du terrain oppose à l'invasion ennemie sur le Jura, et le rôle que joue la neutralité de la Suisse pour la protection de cette partie de notre frontière.

LE JURA.

Bâle. — Bâle, située au coude du Rhin, en face de la trouée de Belfort, est, par sa position géographique, une des grandes portes d'invasion en France et le pivot naturel des opérations pour l'offensive comme pour la défensive.

La France possédait autrefois Huningue, qui formait tête de pont sur le Rhin, et dont les ouvrages avancés prenaient des vues sur la ville de Bâle.

Les traités de 1815 ont imposé à la France l'obligation de ne pas relever cette place forte, et, dans le but sans doute de laisser cette frontière ouverte, ils lui ont enlevé le district de Porrentruy, qui fait saillie sur notre territoire en avant de nos lignes naturelles de défense. Ce pays, où le Jura vient s'abaisser en monticules allongés vers la plaine du Rhin, est traversé par des routes qui permettraient de tourner au sud la place de Belfort, et auraient pour effet d'annuler en partie son action.

Les cours d'eau du versant occidental du Jura, obligés de faire brèche dans les chaînes successives, pour s'ouvrir un passage dans le sens de la pente générale du bassin, ont un cours tortueux et tourmenté.

Tel est le principal affluent de la Saône, le Doubs, qui arrose Besançon. Cette place forte couvre les avenues du bassin de la Saône après la prise de Belfort et surveille tous les défilés qui traversent la partie nord de la chaîne du Jura. Elle servirait, le cas échéant, d'objectif commun à deux armées, l'une qui aurait franchi le Rhin à Bâle, l'autre qui viendrait des bords du Pô par le Simplon ou par le grand Saint-Bernard.

Leur rendez-vous naturel, si l'on fait abstraction de la neutralité de la Suisse, serait la Franche-Comté, d'où elles pourraient ensuite agir de concert sur Langres et sur Lyon.

Cette manœuvre combinée, qui ferait de Besançon et du bassin de la haute Saône l'objectif d'une double invasion, avait été entrevue dès 1709 et formait le plan de cette campagne. Ce plan échoua pour un double motif : l'armée du comte de Mercy fut battue au passage du Rhin, et celle que commandait le duc de Savoie, la même que nous avons trouvée deux ans auparavant sous les murs de Toulon, vit sa marche offensive contre le Rhône paralysée par les bonnes dispositions prises par le maréchal de Berwick pour défendre ce fleuve et le Dauphiné.

Voici ce qu'on lit à ce sujet dans les *Mémoires de la guerre de succession*, publiés par le Dépôt de la guerre d'après la correspondance des généraux avec la cour :

« On apprit bientôt que le corps du général de « Mercy, après avoir été défait, avait repassé le « Rhin en grande confusion. On trouva dans les « papiers de ce général que c'était en Franche- « Comté que devait se faire la jonction des Im- « périaux venant du Rhin et des Piémontais qui « partiraient du haut Rhône pour opérer en- « semble sur Besançon. »

Ce plan de campagne, dont l'intérêt n'a pas besoin d'être signalé, offre un des premiers exemples de ces grandes marches d'armées qui, parties de points opposés de l'horizon, se donnent rendez-vous pour une action commune sur le territoire ennemi. Ces marches sont devenues aujourd'hui, grâce aux voies ferrées, un des éléments de la guerre moderne.

Plateaux du mont Jorat et bassin du lac de Genève.—A l'extrémité méridionale de la chaîne du Jura viennent se rattacher, du côté de la Suisse, les plateaux du mont Jorat qui forment au nord la ceinture du bassin du lac de Genève, et sur lesquels se fait, d'une manière à peine sensible à l'œil, le partage entre les eaux qui vont à la Méditerranée par le lac de Genève et celles qui se versent dans le lac de Neufchâtel et coulent vers l'Océan.

Genève, située à l'extrémité du lac de ce nom, à cheval sur le débouché du Rhône, occupe le point où la chaîne du Jura vient serrer de plus près celle des Alpes; c'est la clef de tout ce bassin.

L'ennemi qui en est maître a une base d'opérations pour agir à volonté contre Lyon, le bassin de la Saône et la Savoie; mise en état de défense, cette ville lui fournit un point d'appui pour couvrir son flanc gauche et sa ligne de retraite sur le Rhin.

Du bassin du lac de Genève partent toutes les communications qui traversent les défilés de la partie sud du Jura; sur le versant de la Suisse, elles gravissent des pentes généralement roides et continues; du côté de la France, elles parcourent les gorges étroites, tortueuses et fortement encaissées qu'ouvrent les cours d'eau, et qui sont coupées transversalement à l'intersection des lignes de faîte par des cluses ou brèches faciles à défendre.

Les plus importantes de ces communications, au point de vue militaire, sont :

1º La voie ferrée qui, venant du Simplon, rase

l'extrémité du lac de Genève, gravit les plateaux du mont Jorat et se dirige par Neufchâtel et les défilés des Verrières sur Pontarlier. Cette position, située au débouché des principales routes du Jura, est couverte par le fort de Joux, qui, perché sur un rocher presque inaccessible, n'a, comme fortification, qu'une action médiocre.

En arrière, et couvrant la route d'Auxonne et de Dijon, se trouve la place de Salins;

2° Les deux routes qui, partant des bords du lac, franchissent les cols de Saint-Cergues et de la Faucille, se dirigent, par les gorges âpres et sauvages de Morez et de Saint-Claude, la première sur Lons-le-Saulnier et Châlon, la seconde sur Mâcon, ouvrant ainsi l'accès des points de passage les plus importants de la Saône.

Le fort des Rousses, avantageusement situé sur un petit plateau, ferme le débouché du col de Saint-Cergues, lequel se trouve sur le territoire suisse.

A son extrémité sud, la chaîne du Jura est coupée par une échancrure étroite et profonde où s'engouffre le Rhône, qui est côtoyé lui-même par la voie ferrée de Lyon à Genève (1).

(1) César décrit ainsi ce passage dans ses *Commentaires* : « Iter angustum et difficile inter montem Juram et « flumen Rhodanum, vix qua singuli curri ducerentur; « mons autem altissimus impendebat, ut facile perpauci « prohibere possent. »

Position du fort de l'Écluse au fort des Rousses.—Le fort de l'Écluse, assis sur les pentes escarpées de ce contre-fort et creusé en partie dans le roc, garde ce défilé. « On ne peut en « donner une idée plus juste, dit le général de « Bourcet dans ses mémoires, qu'en le compa- « rant à un nid d'hirondelle : comme lui, il est « appliqué à un rocher à pic ; du côté du Rhône, « il est élevé de 40 à 50 toises au-dessus du « fleuve. » En arrière du fort de l'Écluse, s'ouvre l'ancienne route de Lyon par les gorges de Nan-tua, dont l'importance a diminué depuis l'ouver-ture de la voie ferrée par Ambérieux et Culoz.

Le fort des Rousses et celui de l'Écluse sont reliés entre eux par la route militaire de la vallée des Dappes. Les pentes du Jura qui regardent la Suisse, et sur lesquelles les routes tracent leurs nombreux lacets, sont roides et uniformes ; un corps d'armée, campé sur ces hauteurs, domine et surveille, comme d'une terrasse élevée, Genève et son bassin. Il est en mesure de prendre l'of-fensive, à un moment donné, pour occuper les positions militaires plus rapprochées des Alpes, si la *Suisse* se trouvait impuissante à les défendre et voyait sa neutralité violée.

Cette forte position du fort de l'Écluse aux Rousses, liée à la défense du Rhône, sert à cou-vrir Lyon.

L'investissement de cette place doit être pré-paré par une marche offensive de l'ennemi dans le bassin de la Saône pour se rendre maître du cours de cette rivière, couper les communications de Lyon avec la capitale et gagner les hauteurs qui dominent cette ville au nord et à l'ouest.

Campagne de 1814.—Ce qui précède suffit pour faire ressortir l'importance de Bâle et de Genève comme pivots de manœuvre d'une armée qui veut pénétrer en France par la frontière du Jura; la campagne de 1814, dont nous allons essayer de donner une analyse succincte, confirme pleinement cet aperçu.

Tandis que deux armées alliées s'avançaient sur Paris par les vallées de la Seine et de la Marne, la troisième, la plus considérable, dite *armée de Bohême,* franchit le Rhin à Schaffouse et à Bâle sans tenir compte de la neutralité de la Suisse et de ses protestations.

La droite de cette armée investit Huningue et Belfort, traversa les Vosges et se porta sur Nancy; le centre marcha sur Neufchâtel et la Franche-Comté, l'aile gauche traversa toute la Suisse pour se porter sur Genève.

Le 31 décembre 1813, le général Bubna occupa cette ville, pour la défense de laquelle Napoléon avait donné, depuis Mayence, pendant la retraite de l'armée, des ordres qui n'avaient pu être exécutés.

Le fort de l'Écluse s'étant rendu à la première sommation, la route de Lyon était ouverte; Bubna poussa ses colonnes sur cette ville et sur

Chambéry sans rencontrer d'obstacles sérieux.

Le 13 janvier 1814, ce général campait lui-même sur les hauteurs de la Croix-Rousse, d'où il faisait attaquer le 17 les faubourgs de Lyon.

La position était des plus critiques : car la ville, dont une partie seulement était couverte par une vieille enceinte, ne comptait pour toute garnison qu'un millier de conscrits. Heureusement, l'hésitation et la lenteur des Autrichiens d'une part, de l'autre l'énergie du général Musnier, qui dirigeait la défense, parèrent aux premiers dangers.

Des renforts, expédiés en toute hâte de Valence par le maréchal Augereau, arrivèrent pendant la nuit, et la ville fut sauvée.

Un corps d'armée fut réuni en toute hâte à Lyon avec des troupes détachées de l'armée de Catalogne, et le maréchal Augereau, qui en prit le commandement, reçut de Napoléon lui-même un rôle important.

Il devait marcher sur Genève, reprendre cette place, cheminer par le revers oriental du Jura, c'est-à-dire par le pays de Vaud, et déboucher sur les derrières de l'ennemi pour couper ses communications avec le Rhin.

Napoléon écrivait de Montereau, le 10 février 1814, au duc de Feltre :

« Donnez ordre au duc de Castiglione de sortir « de Lyon et de réunir toutes ses forces pour « marcher sur Genève et le canton de Vaud;

« donnez le même ordre à Marchand et à Des-
« saix (qui occupaient la Savoie). Dites-lui
« d'oublier ses cinquante-six ans et de se sou-
« venir de Castiglione. »

Cette diversion large et décisive opérée par le
corps d'armée de Lyon tenait une grande place
dans les calculs de Napoléon pour sauver la
France; mais le maréchal Augereau ne paraît
pas s'être montré, dans cette circonstance, à la
hauteur de la mission qui lui était confiée et de
la grandeur du péril. Il temporisait, alléguant, ce
qui était vrai, que les conscrits qu'il recevait
n'étaient ni habillés ni équipés, qu'il manquait
d'attelages et de magasins.

Le 21 février, Napoléon, au milieu des péripé-
ties de cette lutte suprême que l'on a appelée *la
campagne de France*, écrivait de Nogent au duc
de Feltre :

« Qu'importe que dans les circonstances ac-
« tuelles les bataillons de Nîmes soient mal
« équipés, s'ils ont des fusils? Il (le maréchal)
« dit que les gardes nationaux sont mal habillés
« et dans un état pitoyable; répondez-lui que
« l'empereur en a quatre mille en chapeaux
« ronds, en habits de paysans et sans gibernes,
« mais qu'ils ont des fusils, et que l'empereur
« voudrait bien en avoir trente mille. »

« Quant aux magasins, il est ridicule d'en
« parler dans les temps où nous sommes; donnez
« l'ordre au duc de Castiglione de sortir de Lyon

« douze heures après la réception de cette lettre
« et de marcher avec tout ce qui pourra le suivre,
« pour tomber sur les derrières de l'ennemi. »

Le 17 février, le maréchal avait fait sortir de
Lyon ses deux divisions ; mais au lieu de l'offensive hardie que lui avait tracée l'empereur, il juge
nécessaire de chasser l'ennemi du bassin de la
Saône, pour assurer sa gauche, avant de se porter en masse sur la Suisse. Il dirige deux colonnes sur Bourg et Mâcon, qui sont occupés le
25 février après des combats heureux. Ses forces,
déjà si insuffisantes, sont éparpillées sur tout le
revers occidental du Jura jusqu'à la Saône, dans
ce pays qu'on appelait jadis *la Bresse* et dont la
population belliqueuse fournit de nombreux vo-
lontaires à l'armée.

Sur de nouveaux ordres qui lui prescrivent
d'agir en masse et de marcher directement sur
Genève, le maréchal sort de Lyon le 2 mars pour
prendre en personne le commandement de son
petit corps d'armée. Il transporte le même jour
son quartier général à Lons-le-Saulnier, mais il
était trop tard. Quinze jours avaient été perdus,
la situation avait changé de face ; un corps d'armée ennemi, fort de 60,000 hommes, descendait
la Saône et, maître des ponts de Mâcon, marchait sur Lyon par les deux rives.

Le maréchal, dès le 1er mars, est obligé de
faire rétrograder ses colonnes pour couvrir Lyon.
Les 18, 19 et 20, il livre, aux abords de la ville,

la bataille dite *de Limonest*, du nom de la position qui commande au nord la route de Mâcon. Il se retire ensuite sur le bas Rhône et derrière l'Isère sans avoir fait, d'après quelques historiens (1), tout ce qu'on pouvait en attendre pour la défense de la seconde ville de l'empire.

Cette campagne a plus d'un côté qui saisit tristement : elle montre la froide réalité de la défense du pays succédant aux trop brillantes perspectives de la conquête; elle met en présence, d'un côté Napoléon, avec son génie toujours vaste et ardent dans ses combinaisons, dépassant peut-être la mesure du possible; de l'autre, son vieux compagnon de gloire dont il accuse la tiédeur et l'hésitation, dans ce moment suprême où le salut du pays est en jeu et devrait dicter les plus mâles résolutions. Mais, à côté de cette face douloureuse, cette campagne offre aussi ses enseignements; car les fautes sont quelquefois plus instructives que les succès. On y voit la nécessité pour un gouvernement d'organiser à l'avance les éléments de la défense du pays, et, pour un général, celle de concentrer ses forces et d'agir sans perte de temps sur le point dont l'occupation doit avoir une influence décisive sur les opérations de la campagne. Dans le cas actuel, ce point était Genève, au sujet de

(1) Voir l'*Histoire de la campagne de 1814*, par M. Ducasse, chef d'escadron d'état-major.

laquelle Napoléon écrivait, le 14 février, au duc de Feltre : « Dites au duc de Castiglione que la « meilleure manière de garantir Lyon est de re- « prendre Genève, » et le 23 février : « En « marchant directement sur Genève, où est le « noyau des colonnes éparpillées de l'ennemi, « on parviendra facilement à les couper si elles « ne se retirent en toute hâte. »

LA SUISSE.

Nous avons dit que le Jura présente du côté de la Suisse, par ses pentes peu abordables, par le parallélisme de ses vallées, par ses cluses et ses défilés, des conditions favorables à la défense.

Cependant si l'on compare cette frontière d'une part à celle des Alpes, de l'autre à celle des Vosges couverte par le Rhin, entre lesquelles elle est située, si l'on ajoute que Besançon est la seule grande place qui en surveille les avenues sur une étendue de près de 70 lieues en ligne droite, nul doute qu'elle ne soit relativement faible.

Au point de vue de la géographie militaire, les véritables défenses, en face d'une grande invasion venant des bassins du Danube et du Pô, se- raient en avant de la frontière ; c'est-à-dire la gauche à Bâle, le centre aux lignes de l'Aar et de la Limmat, la droite aux défilés du Valais qui ferment le débouché des routes de Simplon et du grand Saint-Bernard, et même au massif du Saint-Gothard.

Toutes ces positions stratégiques, que la France surveille depuis la terrasse du Jura, ne lui appartiennent pas, il est vrai; mais elles sont placées sous la garde de la Suisse et à l'abri de sa neutralité.

Cette question a trop d'intérêt pour qu'il soit possible de passer outre sans dire quelque chose d'un pays qui nous touche de près, car il tient les clefs d'une partie importante de notre frontière, et, s'il est une gêne peut-être aux jours de l'offensive et des projets de conquête, il peut être aussi un ami utile et fidèle aux jours du danger.

La Suisse figure une sorte de grand bastion couvert par des rivières au nord et à l'ouest, et dont les faces opposées, tournées à l'est et au midi, ont pour escarpes les plus hautes chaînes des Alpes, et pour fossés de ceinture les vallées du Rhône et du Rhin.

Elle a pour glacis vers l'Italie le canton du Tessin; pour ouvrage avancé vers le Tyrol, l'Engadine; et pour têtes de pont sur le Rhin, Bâle et Schaffouse.

Lignes de défense de la Suisse vers l'Allemagne et l'Italie.—La Suisse a pour lignes de défense du côté de l'Allemagne : 1° au nord, le Rhin; 2° au nord-est, le Rhin et le lac de Constance et en arrière la Thur et la Limmat; 3° à l'est, une chaîne de hautes montagnes, couverte par le haut Rhin et par l'Engadine.

Un seul passage est ouvert sur cette chaîne, celui de Sargans, où s'engage la voie ferrée allant des Grisons au lac des Quatre-Cantons; cette ouverture ou trouée est couverte elle-même sur la rive droite du Rhin par la forte position de Luciensteig, qui est la clef des Grisons au nord et l'une des portes de la Suisse sur cette frontière.

Du côté de l'Italie, la frontière de la Suisse est plus forte encore, puisqu'elle présente un double front de montagnes, et au centre le massif du Saint-Gothard, d'où descendent des rivières dans toutes les directions et qui est la clef des communications entre les deux versants. Il est traversé lui-même par la grande route qui va des bords du lac Majeur au lac des Quatre-Cantons, et qu'il s'agit de remplacer aujourd'hui par une voie ferrée, destinée à mettre Gênes et Milan en communication avec la Suisse centrale et la rive droite du Rhin.

Lecourbe, le plus habile des généraux de son temps dans la guerre de montagnes, a montré tout le parti que l'on pouvait tirer du massif du Saint-Gothard comme position stratégique en s'établissant sur le plateau central, qui permet de faire face aux différentes attaques. Cette position forcée, au lieu de songer à couvrir sa ligne de retraite, il restait comme cramponné aux flancs du colosse, et, circulant par les passages latéraux, il venait prendre une nouvelle position, non moins menaçante que la première, sur le versant de la vallée que descendait l'armée ennemie.

L'attaque de cette frontière de la Suisse par une armée venant du bassin du Pô amènerait sans doute, comme le fait remarquer le général Dufour, l'occupation rapide des hautes vallées du Rhin et du Rhône, à cause des nombreux passages qui traversent la chaîne; mais ces vallées, par suite de leur direction excentrique, n'ouvrent aucun chemin vers le cœur de la Suisse, et les colonnes ennemies se trouveraient engagées dans des couloirs étroits où leurs flancs seraient très-exposés.

Si cette armée portait son attaque non plus sur les ailes, mais sur le centre de cette ligne de défense, c'est-à-dire contre le Saint-Gothard, elle devrait, pour pénétrer en Suisse, une fois la position du plateau emportée, s'engager dans la vallée sauvage et torrentueuse de la Reuss, qui offre plusieurs positions, telles que le Pont-du-Diable et le trou d'Uri, où l'on peut arrêter une armée.

Le souvenir de l'expédition désastreuse de Souwaroff demeure attaché à cette vallée de la Reuss.

Ce même massif de Saint-Gothard couvre le réduit naturel de la Suisse, celui où, à défaut de places fortes, elle pourrait opposer la plus forte résistance.

« C'est, dit encore le général Dufour (1), dans
« ce vaste camp retranché que les Alpes, l'Aar et
« la Limmat forment au centre de la Suisse et
« dont les villes de Berne, Soleure et Zurich
« peuvent être considérées comme les trois
« portes principales, que notre sort se déciderait

(1) Après les nombreux emprunts que j'ai faits au général Dufour, il me sera permis peut-être de rendre un
faible hommage à son mérite et son caractère. Sa réputation militaire ne saurait, du reste, être étrangère à la
France, puisqu'il est sorti de l'École polytechnique et qu'il
a été officier du génie français.

C'est à lui que revient en entier le mérite de la carte de
Suisse, cette œuvre topographique si remarquable, exécu-
tée sous sa direction unique, pendant une période de travail qui n'a pas duré moins de trente ans. Comme quartier-
maître général de la Confédération, il a présidé aux trois
mobilisations de l'armée suisse en 1831, 1847, 1857. En
1847, chargé comme général en chef de l'exécution militaire contre le Sonderbund, il montra à côté du général
le grand citoyen.

Les ouvrages militaires du général Dufour ne sont peut-
être pas assez connus en France. Aucun auteur n'a traité
avec plus de clarté et d'intérêt qu'il ne l'a fait, dans son
Cours de tactique, ce qui a rapport à la guerre de montagnes. Tous les principes qu'il donne sont appuyés sur des
exemples tirés des guerres dans les Alpes, et cette étude,
complétée par la vue des lieux, serait très-propre à dé-
velopper chez nos jeunes officiers le coup d'œil et l'intel-
ligence du terrain et à leur faire goûter l'histoire militaire
dans sa partie la plus saisissante et la plus variée.

« si nous avions à résister à une grande inva-
« sion. »

Comment ne pas rappeler que ce sont là les
positions où Masséna, faisant face aux attaques
des Russes à la fois sur la Limmat et sur le Saint-
Gothard, livra en 1799 cette suite de combats
mémorables que l'on a appelés la *bataille de
Zurich*, et remporta cette victoire qui, en sauvant
la France, a couvert son nom d'une gloire impé-
rissable.

Neutralité de la Suisse. — La Suisse occupe
au centre de l'Europe occidentale une position stratégique d'une importance capitale et
que, pour ce motif, dans l'intérêt de l'équi-
libre et de la paix de l'Europe, on a jugé convenable de laisser en dehors des luttes armées et
des rivalités des puissances.

Son territoire est couvert d'une sorte d'inviolabilité qui fait partie du droit public de l'Europe
et qui est placée sous la sauvegarde du pays lui-
même.

Ainsi se trouvent isolés les théâtres d'opérations militaires du Danube et du Pô, et la guerre
ne prend pas un développement aussi rapide et
aussi dangereux pour la paix de l'Europe.

On pourrait se demander quelle est, des trois
puissances qui entourent la Suisse, c'est-à-dire
de la France, de l'Autriche et de l'Italie, celle
qui trouve à cette neutralité le plus d'avantages.

En réduisant ce problème à une question de

géographie militaire, il faut reconnaître que, toutes choses égales d'ailleurs, la Suisse une fois occupée par une armée ennemie de la France, le Jura n'opposerait plus à celle-ci qu'un obstacle secondaire, tandis qu'une armée française qui aurait fait de la Suisse sa base d'opérations se trouverait en face du Tyrol et du Vorarlberg, véritables bastions qui couvrent comme d'une cuirasse les Etats héréditaires de l'Autriche. Elle ne pourrait plus faire un pas en avant sans forcer ces positions de Feldkirch qui ont défié à plusieurs reprises les attaques de Masséna (1).

Cette opinion sur l'importance de la neutralité de la Suisse pour la sûreté de notre frontière du Jura et des Alpes a acquis plus de force aujourd'hui par suite des changements territoriaux qui se sont opérés à nos portes.

Les voies ferrées qui, dans un avenir prochain, traverseront le Saint-Gothard et le Splügen donneront de grandes facilités pour transporter rapidement une armée des bords du Pô au centre de la Suisse et sur les bords du Rhin, et à l'abri du rideau épais des Alpes on peut masquer des mouvements et opérer des concentrations rapides.

La violation de la neutralité de la Suisse met-

(1) Napoléon, dans un discours à la députation suisse en 1803, disait : « *La France peut être attaquée par sa frontière suisse, l'Autriche ne craint pas la même chose.* »

trait entre les mains d'une coalition des moyens d'action bien dangereux pour l'offensive ; son inviolabilité, au contraire, élève entre les deux théâtres de guerre du Rhin et des Alpes une barrière plus que jamais utile à la sécurité de nos frontières.

Sans doute la France serait vigilante et n'attendrait pas l'ennemi dans ses lignes ; mais la première, si ce n'est la plus sûre, des garanties, sera toujours dans la fidélité de la Suisse à ses obligations et dans les sacrifices qu'elle ferait pour défendre l'inviolabilité de son territoire.

Si cette neutralité venait à être violée du côté de l'Allemagne ou de l'Italie, la France rentrerait dans le plein exercice de son action militaire et la Suisse trouverait en elle un appui loyal et dévoué. Dans cette situation réciproque, les deux pays sont donc ramenés par leurs rapports nécessaires et par la communauté d'intérêts à resserrer ces liens de bon voisinage que l'on appelait naguère *le pacte d'amitié perpétuelle*.

Le Simplon. — J'ai laissé jusqu'ici de côté la route du Simplon, afin de traiter avec quelques détails de cette voie militaire qui côtoie notre frontière du Valais.

Elle a été construite par Napoléon dans le but de se rendre directement de la France au cœur du Milanais et de rattacher ainsi plus intimement à l'empire le royaume d'Italie, lorsqu'il eut mis sur sa tête la couronne de fer des rois lombards.

Dans les vues de Napoléon, une armée débouchant en Italie par le Simplon prenait à revers toutes les défenses du Piémont, pouvait manœuvrer à volonté sur les deux rives du Tessin et se porter rapidement sur le Pô. C'était la manœuvre du grand Saint-Bernard et de la campagne de Marengo érigée en principe et dans des conditions d'exécution plus favorables, puisque le mouvement tournant était à plus grand rayon, sans compromettre cependant la base d'opérations.

Mais, par suite de ces vicissitudes si fréquentes dans les choses humaines, la route du Simplon était à peine achevée dans des vues d'agrandissement et de conquête, que l'emploi en fut retourné contre la France, et qu'elle servit de grande voie d'invasion en 1815.

Le Valais, que parcourt la route du Simplon jusqu'au lac de Genève, forme une sorte de couloir étroit et resserré entre des chaînes de hautes montagnes, couvertes de neiges éternelles, et traversées par un petit nombre de passages alpestres.

Au nord, c'est la chaîne de l'Oberland bernois; au midi, celle des Alpes pennines, où se trouve le col du grand Saint-Bernard franchi par Napoléon en 1800 et qui est à jamais lié aux glorieux souvenirs de Marengo.

Le Valais est parcouru dans toute sa longueur par le Rhône, qui descend des glaciers du Grimsel. Peu avant l'embouchure de ce fleuve dans le lac de Genève, on rencontre les défilés de Saint-Maurice qui barrent le passage et où une armée pourrait être arrêtée avec peu de monde. Quelques ouvrages de fortification y ont été construits par la Suisse, qui, jusqu'à l'annexion de la Savoie, considérait cette position comme une de ses portes du côté de la France.

Pour être maître de la route du Simplon, Napoléon avait, dès 1810, incorporé à la France le Valais, Genève et Neufchâtel, c'est-à-dire tout le triangle qui comprend le bassin du lac de Genève et les plateaux qui le dominent au nord, jusqu'au pied du Jura.

Frappé en même temps de l'importance stratégique que Genève avait acquise depuis l'ouverture de la route du Simplon, il conçut le projet d'en faire une place de guerre et il en fit dresser les plans. Mais les événements qui marquèrent les dernières années de l'empire détournèrent son attention, jusqu'au jour où, prévoyant que la France allait être envahie, il donna, de Mayence, l'ordre de mettre Genève en état de défense.

On a déjà eu l'occasion de faire ressortir de quelle importance serait l'occupation du bassin du lac de Genève pour une armée ennemie qui aurait fait du Simplon sa base d'opérations, et qui se proposerait d'aborder la ligne du Jura entre le fort de l'Écluse et Besançon.

Genève devient le pivot de manœuvre de cette armée ; si l'ennemi réussit à emporter les positions du fort de l'Ecluse et des Rousses, le bassin du Rhône est bientôt atteint.

L'ouverture de la route du Simplon a donc modifié profondément l'ancienne tactique pour l'attaque et la défense de cette partie de la frontière des Alpes. Jusque-là, en effet, les passages du petit Saint-Bernard et du mont Cenis ne formaient qu'une base d'opérations très-étroite, et les lignes qui se dirigeaient de ces points sur le Rhône pouvaient être facilement menacées.

Aussi verrons-nous dans les campagnes de Louis XIV la marche offensive de l'armée austro-sarde paralysée à plusieurs reprises au moment où elle va franchir le Rhône ; mais, depuis l'ouverture de la route du Simplon, cette base d'opérations s'est étendue, et Genève et son bassin ont acquis une importance prépondérante pour les opérations offensives contre Lyon.

Positions du Chablais. — L'annexion de la Savoie est venue donner à la France une sûreté en quelque sorte nécessaire pour la protection de cette partie de sa frontière. Depuis le Chablais, qui forme une sorte de camp retranché naturel, serré entre le lac de Genève et le Valais et adossé au mont Blanc, la France, sans qu'il y ait de sa part ni défiance ni menace, garde et surveille de plus près cette neutralité de la Suisse, qui est une de ses défenses.

La route de Simplon côtoie en effet ce territoire sur une longueur de 25 kilomètres. Plusieurs cols très-praticables permettraient de déboucher rapidement et de fermer à une armée ennemie les défilés de Saint-Maurice, en même temps qu'un corps d'armée, débouchant dans la direction même de la voie ferrée du Jura, se porterait sur les plateaux du mont Jorat et sur la ligne de l'Aar et de la Sarine.

Renfermé dans ce couloir étroit du Valais, qui n'a pas de communications latérales et n'offre pas de ressources pour subsister, une armée serait bientôt obligée à la retraite, sous peine d'être détruite.

Pour mieux faire saisir le rôle de la route du Simplon comme voie d'invasion en France, je rapporterai en quelques mots la marche du corps d'armée qui la suivit en 1815.

Campagne de 1815. — Le 18 juin, jour même de la bataille de Waterloo, l'armée autrichienne, forte de 50,000 hommes, sous les ordres du général baron de Frimont, était concentrée à Novare. Elle était destinée à pénétrer dans le Jura, la Bresse et le Bugey par le Simplon, tandis qu'un corps d'armée de 45,000 hommes entrait en Savoie par le mont Cenis et le petit Saint-Bernard.

L'armée de réserve, forte de 50,000 hommes,

devait suivre peu de temps après et entrer en Provence par le col de Tende et le comté de Nice, pour faire le siége des places fortes du midi de la France.

Le général de Frimont, pour assurer la marche de ses colonnes dans le Valais, fit occuper par une forte avant-garde le passage du grand Saint-Bernard. On s'attendait, dit une relation officielle de l'armée alliée, à rencontrer les Français aux défilés de Saint-Maurice; mais cette position n'avait pas été occupée par le général Dessaix, qui commandait les troupes d'occupation en Savoie, et les premiers engagements eurent lieu aux défilés de Meillerie. Ces défilés sont formés par une paroi escarpée de rochers qui viennent plonger à pic dans le lac de Genève et fermer de ce côté l'entrée du Chablais.

Le 30 juin, l'armée autrichienne fit son entrée à Genève, et le corps français, commandé par le général Dessaix, se replia sur le Rhône. Le maréchal Suchet, qui commandait en chef toute la défense des Alpes, fit occuper par son aile gauche la forte position du fort de l'Ecluse aux Rousses, afin de défendre le Rhône et de couvrir Lyon. C'était la dernière barrière opposée aux flots de cette armée coalisée dont les colonnes pressées débouchaient par tous les passages des Alpes.

Le 2 juillet 1815, les positions des Rousses furent attaquées par le général de Frimont à la tête

d'un corps d'armée de 25,000 hommes et emportées après une résistance que les rapports des
Alliés qualifient d'énergique.

Du côté des Français, on ne combattait cependant que pour l'honneur des armes, car la
nouvelle du désastre de Waterloo était déjà par-
venue au camp. Aussi ces combats de la dernière
heure, où l'on ne peut plus espérer de succès,
laissent–ils dans l'âme cette impression triste et
religieuse que donne le sacrifice volontaire ac-
compli en vue du devoir.

De leur côté, il est juste de le dire, les généraux de la coalition avaient le sentiment que le
rôle qu'ils remplissaient était celui d'agents d'une
sorte de grande exécution voulue par la politique
de l'Europe, et leur langage ne sent ni l'arro-
gance ni la menace.

« Français, disait le 1er juillet le général Fri-
« mont dans une proclamation, je suis à vos
« frontières à la tête d'une armée. . . . .
. . . .
« . . . . Je n'userai de
« mes forces que là où je trouverai de la résis-
« tance. Vos armées ne doivent pas en opposer;
« elles ont eu trop de gloire pour le bonheur de
« la France et pour le repos de l'Europe ; elles
« peuvent, sans y porter atteinte, céder aujour-
« d'hui à la supériorité des forces. »

Peut-être, en se rappelant le *væ victis* des anciens, est-il permis de dire que ce langage d'un

général en chef de l'armée coalisée le lendemain de la bataille de Waterloo est un hommage digne du vaincu.

IV.

La Savoie.

Après avoir décrit au midi le comté de Nice et la vallée de la Durance, au nord le Jura et la Suisse, il nous reste à étudier le territoire qui forme, au centre de la frontière du sud-est, comme la clef de voûte de la défense, c'est-à-dire la Savoie. Nous diviserons cette étude comme il suit :

Après avoir décrit l'ancienne frontière vers le Rhône et le Dauphiné, je donnerai un court aperçu de la géographie militaire du pays et une analyse rapide des campagnes des deux derniers siècles, afin de faire saisir le caractère qu'ont eu les opérations militaires en Savoie et d'en tirer quelques conséquences sur le rôle de ce territoire en cas d'offensive ou de défensive de la France sur cette frontière.

L'ANCIENNE FRONTIÈRE ENTRE LA FRANCE ET LA SAVOIE.

L'ancienne frontière entre la France et la Savoie a subsisté de 1601 jusqu'en 1860, sans autres modifications que des échanges de territoires opérés en 1760 dans le but de donner à chacune des puissances limitrophes la possession de l'une des rives du Rhône. Cette frontière conserve encore aujourd'hui son intérêt au point de vue militaire, parce qu'elle n'est autre que la ligne de défense du Rhône et du Dauphiné.

Depuis le défilé du fort de l'Ecluse, dont nous avons indiqué la situation, la limite suivait le cours du Rhône, dont la direction est à peu près parallèle à la courbure de la chaîne des Alpes.

Le fleuve, qui a un volume d'eau considérable, coule rapide et fortement encaissé dans une sorte de couloir, semblable à toutes les vallées longitudinales du Jura. Il est côtoyé, sur la rive droite, par la route et par la voie ferrée de Genève à Lyon, qui sont souvent taillées dans les pentes de la montagne.

Bellegarde. — Le lit du Rhône se resserre au-dessous de Bellegarde jusqu'à n'avoir plus que quelques mètres de largeur, là où il disparaissait dans un canal souterrain qu'on a mis à découvert aujourd'hui pour faciliter le flottage des bois. Le pont de Gresin n'est qu'une planche jetée en travers du cours d'eau.

Bien que le Rhône ne soit jamais guéable dans aucune saison, il faudrait des retranchements pour défendre cette partie de son cours, en raison des facilités qu'elle offrirait à un passage. C'est ce point qu'a choisi, en 1815, une colonne de l'armée autrichienne pour se porter de Genève sur Lyon.

Seyssel. — Seyssel, où aboutit la route la plus directe venant des Alpes par le bassin du lac d'Annecy, a un pont permanent et forme un point de passage important.

En 1700, la France, qui était maîtresse des deux rives du Rhône, songea à fortifier ce poste; on renouvela ce projet en 1720; mais à peine le travail était-il commencé qu'il fut abandonné.

« Ce serait, dit le général Bourcet, auquel nous « empruntons ces détails, une place très-bien « située; elle s'approvisionnerait facilement au « moyen du Rhône; elle donnerait l'entrée en « Savoie et ôterait celle de la France aux en- « nemis par ce côté-là; la circonvallation en « serait extrêmement difficile, à cause des deux « ponts qu'il faudrait jeter sur le Rhône. »

Par suite de l'ouverture des voies ferrées, le centre de la ligne de défense du Rhône se trouve transporté aujourd'hui à Culoz; mais Seyssel n'en serait pas moins, en cas de guerre, l'empla- cement indiqué d'une tête de pont. Elle don- nerait la liberté de manœuvre et assurerait une ligne de retraite à l'aile gauche de l'armée des Alpes, chargée de couvrir la partie nord de la Savoie contre une agression venant de la haute vallée de l'Isère. Cette tête de pont aurait en outre l'avantage de couvrir les abords de Culoz du côté du nord, par où cette position importante paraît être plus facilement attaquable.

Culoz et le molard de Vions. — A partir de

Seyssel, le Rhône redevient navigable, s'élargit jusqu'à occuper près de 1 kilomètre, et forme des îles à la hauteur de Culoz, où il est traversé par la voie ferrée allant de France en Italie. Du côté de la Savoie, il est digué et bordé de vastes marécages par lesquels il se déverse, en cas de crue considérable, dans le lac du Bourget. Au milieu de ces marécages, surgit la hauteur du molard de Vions, qui commande le débouché du chemin de fer, et d'où l'on battrait à bonne portée la sortie du canal de Savières, qui sert d'écoulement au lac du Bourget.

Ce poste serait utile à retrancher en cas de guerre ; il concourrait, avec celui de Chanaz, à s'opposer au passage du Rhône et à couvrir Culoz, qui a acquis aujourd'hui une grande importance stratégique comme nœud des voies ferrées de Genève et de Lyon.

Culoz est situé au débouché des gorges de l'Albarine, par lesquelles on se porte sur Pont-d'Ain et sur Bourg en Bresse, où l'on rejoint les voies de communication qui traversent le Jura aux défilés de Saint-Claude et de Nantua.

Après la sortie du canal de Savières, le Rhône, contenu sur la rive gauche par les têtes des contre-forts montagneux, qui forment comme autant de digues transversales, s'élargit et se resserre tour à tour ; son cours est obstrué de bancs de sable et d'îles boisées. Il pénètre ensuite dans un défilé sauvage, où il est réduit à un simple canal formé par deux parois de rochers escarpés.

Pierre-Châtel. — La forteresse de Pierre-Châtel, qui n'était au moyen âge qu'un grand monastère crénelé, s'élève sur la rive droite, à 400 mètres d'altitude; plusieurs enceintes et terrasses, superposées en étages, couronnent tous les escarpements. Cette position commande l'ancienne route de Savoie en Bugey, qui franchit le Rhône au pont de la Balme.

Après ce défilé, le fleuve serpente librement entre des rives boisées; arrivé au pied du château de Cordon, où il a dépassé l'extrémité des derniers contre-forts du Jura, il change brusquement de direction vers le nord-ouest, et coule jusqu'à Lyon au milieu d'une plaine qui n'offre plus aucun obstacle militaire important.

Le Guiers. — L'ancienne limite entre la Savoie et la France quittait le Rhône en face de Cordon et remontait le cours du Guiers, un de ses affluents, torrent fortement encaissé qui prend sa source dans le massif montagneux de la grande Chartreuse, près du château d'Entremont. Le Guiers est séparé du bassin de Chambéry et du lac du Bourget par l'arête escarpée du mont du Chat et de la montagne de l'Épine, qui a été occupée, comme ligne de défense, par le maréchal Suchet, en 1815. On ne la traverse que sur deux points : au nord, par le col du mont du Chat, dont l'échancrure profonde, au milieu d'une crête dentelée, frappe les regards du voyageur qui parcourt la voie ferrée de Culoz à Aix-les-Bains ; au midi, par les défilés de la Grotte et des Échelles, où la route passe sous un tunnel pratiqué dans une paroi de rochers. Ces deux passages se prêtent à une défense facile ; les autres ne sont que des sentiers à mulets.

Défilés de la Grotte et des Échelles. — Les défilés de la Grotte et des Échelles ont été, pendant bien des siècles, jusqu'à l'ouverture des voies de communication par Culoz et le mont du Chat, la véritable porte de la France sur cette portion de la frontière située entre le Rhône et l'Isère. Ils ont été disputés dans presque toutes les campagnes des Alpes, et ce serait encore aujourd'hui un poste utile à occuper en cas de guerre. Des Échelles, on peut se porter en effet sur Lyon par les encaissements du Guiers, et par la petite vallée de Saint-Laurent-du-Pont sur Voreppe, position située au bord de l'Isère, et qui est la clef de l'investissement de Grenoble du côté du Rhône.

Depuis les sources du Guiers, la ligne frontière descendait la falaise haute et escarpée qui termine les montagnes de la grande Chartreuse au-dessus de l'Isère, et elle coupait la riche et fertile vallée du Graisivaudan à la hauteur du fort Barraux, sur la rive droite, et des ruines de l'antique manoir de Bayard, sur la rive gauche. Elle remontait ensuite le torrent du Bredaz, et gagnait le faîte du rameau des Alpes, tout hérissé de pics et de glaciers, qui va se rattacher, comme on l'a dit ailleurs, à la grande chaîne, par la haute sommité du mont Thabor.

La région du mont Thabor. — Ce dernier nœud de montagnes, remarquable au point de vue géographique, parce qu'il marque un changement de la courbure des Alpes et qu'il s'en détache des chaînons importants, offre également un intérêt militaire, parce qu'il domine les trois vallées de l'Arc, de la Durance et de la Doire-Suzine, et que dans sa région s'ouvrent trois passages qui mettent ces mêmes vallées en communication. Ce sont : *le col du Galibier*, dont nous avons déjà signalé le rôle dans la ligne de défense du maréchal de Berwick; *le col de la Roue*; enfin *le pas de l'Échelle*, situé au nord du mont Genèvre, sur la même chaîne, mais plus près du mont Thabor.

Ces deux derniers passages permettent de se porter, de la vallée de Briançon et de celle de la Maurienne, à la tête du vallon de Bardonnèche, où débouche, sur le versant italien, le nouveau tunnel des Alpes.

La région du mont Thabor commande ainsi la voie ferrée allant de France en Italie, au point où celle-ci franchit les Alpes, et son occupation, appuyée par les forteresses de Briançon et de Lesseillon, rend maître des communications des trois versants.

La frontière que nous venons de décrire, dépuis le fort de l'Écluse jusqu'au mont Thabor, servait de limite, à l'ouest et au midi, à l'ancien duché de Savoie, qui s'étendait au nord jusqu'au lac de Genève et au bassin du Rhône, et à l'est jusqu'à la haute chaîne des Alpes.

Ce territoire formait, comme on le voit, un tout géographique, fermé par une ceinture de rivières et de chaînes de montagnes, et qui n'était accessible, du côté de la France, que par les ponts peu nombreux jetés sur le Rhône, par le défilé des Échelles et par la large ouverture de la vallée de l'Isère (1).

Ces frontières naturelles ont paru à un géographe distingué une explication suffisante de la conservation prolongée de l'autonomie de la Savoie.

« La Savoie, dit M. Elisée Reclus, défendue et « garantie, comme la Suisse, par une chaîne « transversale de montagnes, a su, tout en su- « bissant l'influence française, garder son auto- « nomie jusqu'à la révolution.

« Peut-être, si les ducs de Savoie n'avaient pas « abandonné leur citadelle de montagnes, se- « raient-ils restés les représentants de l'an-

(1) Il faut ajouter, en outre, que jusqu'à l'année 1601 les ducs de Savoie possédèrent la Brosse et le Bugey, c'est-à-dire cette lisière de pays montueux et coupé qui couvre l'extrémité méridionale de la chaîne du Jura et son versant du côté de la Saône, formant ainsi une défense avancée du Rhône.

« cienne nationalité allobrogique et auraient-ils
« réussi à fonder un royaume des Alpes; mais,
« attirés par les magnifiques plaines du Piémont,
« ils choisirent pour capitale de leurs Etats une
« ville séparée de leur domaine héréditaire par
« la gigantesque muraille des Alpes.

« La Savoie devait dès lors, par les lois ethno-
« logiques et géographiques, devenir tôt ou tard
« une province française. »

APERÇU DE LA GÉOGRAPHIE MILITAIRE DE LA SAVOIE.

Le territoire de la Savoie est formé, avons-
nous dit, par le versant montagneux qui est compris entre la haute chaîne des Alpes et le cours
du Rhône, depuis les défilés du fort de l'Écluse
jusqu'à Cordon.

Il présente vers la France, dans le sens du
sud-est au nord-ouest, c'est-à-dire du mont Cenis
à Genève, une pente générale, marquée par la
direction de nombreux cours d'eau.

Structure oro-hydrographique de la Savoie. —
Le système orographique de ce versant comprend
deux régions distinctes : l'une orientale, l'autre
occidentale. La première est dessinée par de
grands chaînons qui vont se rattacher, ainsi que
les vallées qu'ils renferment, à la haute chaîne
des Alpes, aux points de ramification du mont
Blanc, de la région du mont Iseran (1) et du

(1) J'indique par là le nœud de montagnes situé aux

mont Thabor. La partie occidentale est sillonnée par des chaînes de montagnes qui appartiennent au système du Jura, et se dirigent par conséquent du nord-est au sud-ouest, c'est-à-dire perpendiculairement à la pente générale du versant.

La plus remarquable de ces chaînes, celle qui forme la séparation entre les deux régions, est l'arête haute et escarpée qui domine la rive droite de l'Arly, affluent de l'Isère, et se dirige en ligne droite jusqu'à la vallée de l'Arve, sans autre interruption qu'une échancrure profonde où passe la route d'Albertville à Annecy.

Les cours d'eau qui ont leur origine dans la région occidentale et ceux qui, après avoir pris naissance dans la haute chaîne, arrivent à l'arête de séparation que nous venons d'indiquer, n'ont plus que deux directions, selon qu'ils côtoient à leur base les murailles jurassiques ou qu'ils ont réussi à y faire brèche, pour s'ouvrir un cours plus facile dans le sens de la déclivité générale du versant.

On retrouve ici, d'une manière plus caractérisée encore, la configuration topographique qui a été signalée en parlant du Jura, c'est-à-dire le parallélisme des chaînes et les cluses qui servent de passage aux cours d'eau.

Cette structure se dessine nettement à l'œil

sources de l'Isère près du *col du mont Iseran*. Il n'existe pas, à proprement parler, de pic ou sommet de ce nom, comme beaucoup de géographies l'indiquent par erreur.

5.

lorsqu'on suit le cours des rivières de la Savoie, telles que la Dranse, le Fier, le Chéran, l'Arly, au milieu des massifs qu'elles traversent.

Le Rhône lui-même obéit à cette loi : car après avoir coulé parallèlement au crêtes du Jura, il fait un coudé à angle droit et transperce les chaînes qui barraient son cours. Partout, en un mot, les torrents de la Savoie longent ou coupent perpendiculairement les stratifications jurassiques.

Les grandes fractures pratiquées dans ces chaînes de montagnes ont été, selon toute apparence, le résultat des érosions, de l'action dissolvante des eaux et de la violence des courants, dans les âges antéhistoriques; il a dû s'écouler une période assez longue pendant laquelle les rivières, retenues par ces barrages naturels, ont formé des nappes liquides, suspendues quelquefois à de grandes hauteurs, ou de vastes courants qui ont creusé des vallées pour trouver un écoulement.

D'anciens lits de rivières, des amas considérables de sables et de graviers, des plaines marécageuses, enfin les lacs actuels, qui ne seraient plus que les vestiges des anciens lacs alpins, sont autant de traces de ces phénomènes si intéressants pour la géographie physique des Alpes.

Après ce coup d'œil d'ensemble sur la structure oro-hydrographique de la Savoie, on peut partager son territoire en trois étages :

L'étage supérieur, formé par les hautes vallées qui se rattachent immédiatement à la chaîne des Alpes; il est dominé par les sommités neigeuses et les glaciers, et touché de toutes parts à la zone stérile et glacée.

L'étage moyen, formé par les massifs secondaires, sorte d'îlots montagneux séparés par des échancrures et des vallées profondes; il ne dépasse pas la zone des forêts et des pâturages alpins.

L'étage inférieur, qui ne renferme que d'étroites chaînes de montagnes disséminées et des collines. Cette région, qui s'étend jusqu'au Rhône, est celle des riches cultures et des centres importants de population. Elle est traversée par la voie ferrée projetée, ou déjà en partie construite, qui, partant du littoral de Genève, le met en relation avec Annecy et Chambéry, les deux chefs-lieux des départements entre lesquels est partagée la Savoie.

Les communications entre la basse Savoie et les hautes vallées de l'étage supérieur sont rendues faciles par les échancrures profondes que présentent les chaînes jurassiques. Entre Ugine et Faverge, entre Montmélian et Chambéry, la séparation des eaux des bassins de l'Isère et du Rhône se fait en terrain presque horizontal.

La région de la basse Savoie a été le théâtre des opérations du petit corps de troupes qui, sous le commandement des généraux Marchand et Dessaix, formait l'aile droite de l'armée de

Lyon pendant la campagne de 1814. Les quelques combats qui ont été livrés ont suffi pour faire ressortir comment les affluents du Rhône, c'est-à-dire l'Arve, les Usses, le Fier, le Cheran et la Leisse, qui passe à Chambéry, ainsi que les lignes de faîte qui les séparent, offrent des échelons successifs de manœuvre pour les opérations offensives ou défensives sur les routes de Genève à Chambéry.

Ligne du Fier. — La plus importante de ces lignes, au point de vue de la défense vers Genève, est celle du Fier, dont les ailes sont fortement appuyées, la droite au lac d'Annecy et la gauche aux gorges étroites et profondes qui s'ouvrent sur Seyssel.

On trouve aussi, à l'intersection des cours d'eau et à certains points de resserrement des vallées, de bonnes positions d'arrière-garde. Tels sont les ponts d'Alby, de Brogny et de la Caille, sur les torrents que nous avons déjà nommés; les hauteurs de Chaumont au-dessus de Frangy et faisant face à la Savoie; celles de la Biolle près d'Albens, faisant face à Genève.

Nous allons étudier maintenant, plus en détail, l'étage supérieur et l'étage moyen, c'est-à-dire les hautes vallées et les massifs secondaires, et nous signalerons autant que possible, en décrivant les grands accidents du sol, l'intérêt militaire qui s'y rattache.

L'étage supérieur ou les hautes vallées. — Les

hautes vallées sont celle de l'*Arve* ou de *Cha-monix*, la *Tarentaise* ou *haute vallée de l'Isère* et la *Maurienne* ou *vallée de l'Arc.* On peut y ajouter la *vallée de Beaufort*, située entre l'Arve et l'Isère, bien qu'elle ne prenne pas naissance à la haute chaîne des Alpes.

Vallée de l'Arve. — La vallée de l'Arve, qui a son origine au mont Blanc, n'a, comme ligne d'opérations militaires, qu'une importance secondaire, parce qu'elle n'aboutit à aucun passage des Alpes; elle ne communique avec les *cols de la Seigne* et *du petit Saint-Bernard*, situés sur la haute chaîne, que par le passage alpestre du *Bonhomme*, praticable seulement à l'infanterie.

On peut remarquer en passant que la longueur et la difficulté des communications entre le Piémont et le bassin du lac de Genève ont été, sans nul doute, un des grands obstacles qui se sont opposés à l'extension de la domination des ducs de Savoie du côté de la Suisse.

La haute vallée de l'Arve est fermée, du côté de Genève, par le défilé de Cluse, dont le nom indique le caractère topographique, qui en fait comme une porte naturelle du haut Faucigny. Son importance militaire réside dans sa communication avec le Valais, qui va être rendue facile par l'ouverture d'une route praticable aux voitures.

Quant à la basse vallée, qui aboutit sur le Rhône aux portes de Genève, elle n'ouvre aucune ligne d'opérations contre la France : car, après avoir franchi le fleuve, on a devant soi les défilés du fort de l'Écluse et les positions des *Rousses*. Le confluent de l'Arve et du Rhône forme en face de Genève, avec le mont Salève et le mont Vuache comme appuis pour les flancs de la position, un camp retranché naturel, qui a été occupé en 1814 par le général Dessaix après le combat de Saint-Julien et la retraite des Autrichiens sur Genève. On peut rappeler que César avait occupé cette même position dans sa campagne contre les Helvètes, pour leur fermer de ce côté l'entrée des Gaules.

Tarentaise. — La haute vallée de l'Isère, ou Tarentaise, a toujours été considérée comme la ligne d'opérations la plus sûre pour pénétrer du Piémont en Savoie, malgré l'inconvénient d'aboutir au long couloir de la vallée d'Aoste, qui communique par un circuit avec le bassin du Pô.

La Tarentaise est d'ailleurs plus ouverte, plus fertile, moins torrentueuse que la Maurienne, et la route se maintient toujours sur la rive gauche de l'Isère.

C'est à ces conditions topographiques qu'elle doit, sans doute, d'avoir servi de passage à l'ancienne voie romaine de l'*Alpis graia*, qui, partant de Milan, se dirigeait sur Genève et sur Vienne dans les Gaules. Son parcours dans la vallée d'Aoste est tout semé encore de constructions et de monuments romains, et la station d'*Axima* (Aime), en Tarentaise, offre de nombreux vestiges de la même origine. Le passage des Alpes au petit Saint-Bernard était praticable aux chars, et l'on a trouvé, sur le plateau même du col, des travaux indiquant l'installation permanente d'un grand relais de poste (*mansio*) qui était occupé pendant l'hiver. Quand on connaît ces hautes montagnes et leur âpre climat, quand on réfléchit que la route du petit Saint-Bernard vient à peine d'être ouverte aux voitures, on voit là un témoignage éloquent de la grandeur et de la puissance de la civilisation romaine.

La défense du pied du petit Saint-Bernard, en appuyant la gauche au ruisseau de Bonneval et la droite à des retranchements dans la vallée, a été tentée à deux reprises par l'armée française lorsqu'elle occupait la Savoie, notamment en 1707 et en 1793. Les conditions en ont été reconnues très-défavorables, à cause de la facilité qu'a l'ennemi qui descend des Alpes, pour dominer les défenses, et pour les tourner sur la droite en se portant de Tignes directement sur Moutiers. La position serait meilleure en arrière de Bourg-Saint-Maurice, où les affluents de la rive droite de l'Isère forment des encaissements profonds. Dans une reconnaissance faite après l'annexion, on avait jeté les yeux sur le plateau de Vulmis, pour y construire un fort, comme il en existe à Tournoux, à Mont-Dauphin et à Lesseillon sur les autres débouchés des Alpes; mais cette position qui avait été déjà occupée en 1709 (1), n'a pas paru réunir les conditions exigées pour une fortification permanente.

C'est là une lacune regrettable, moins pour la défense générale du pays que pour celle de la Savoie, dont une partie resterait exposée, en cas de guerre, aux incursions de l'ennemi.

La Tarentaise offre de bonnes positions d'arrière-garde au détroit de Cieix, à la Roche-Cevins et aux défilés de Petit-Cœur et de Briançon, où les troupes françaises réussirent à arrêter, en 1793, le corps d'armée sarde qui avait débouché des Alpes et se portait sur Lyon.

Col de la Vanoise. — Les hautes vallées de la Tarentaise et de la Maurienne communiquent entre elles par un passage qui a joué un rôle important dans les opérations offensives des armées austro-sardes en Savoie. C'est le col de la Vanoise, que le général Jomini appelle quelque part *la clef des hautes vallées de l'Isère et de l'Arc.*

Ce passage servait à la colonne principale, arrivée au pied du mont Cenis, à passer en Taren-

(1) On lit dans les *Mémoires de la guerre de Succession*, déjà si souvent cités : « Le maréchal de Berwick, « trouvant le camp de Saint-Maurice trop exposé, fit re-« tirer les cinq bataillons sur la hauteur de Vulmis, fit « occuper le poste de Moutiers chargé d'empêcher les en-« nemis de faire des ponts sur l'Isère et fit occuper Bozel « sur le chemin de la Vanoise. »

taise pour rejoindre celle qui avait traversé les
Alpes au petit Saint-Bernard, afin d'agir ensuite
de concert, par la ligne d'opérations la plus avantageuse.

Le passage de la Vanoise, quoique très-élevé
et traversant des solitudes alpestres, au pied des
glaciers, peut être rendu praticable à l'artillerie
légère.

Vallée de Beaufort. — Aux avantages que présente la Tarentaise comme ligne d'opérations
contre la France, il faut ajouter celui de communiquer, au nord, par un passage très-com-
mode, le pas du Cormet, avec la vallée de Beaufort. Celle-ci, s'ouvrant dans la même direction
que celle de la haute Isère, se prête à la marche
d'une colonne de flanc chargée de coopérer à l'attaque des positions de Conflans et de la ligne de
l'Arly, situées au débouché de cette dernière vallée

Conflans et la ligne de l'Arly. — Le village de
Conflans, assis sur un ressaut escarpé qui domine le confluent de l'Isère et de l'Arly, est d'une
bonne défense pour un ennemi qui fait face à la
France. C'est le pivot de toutes les opérations
offensives d'une armée qui veut agir en Savoie
et se porter sur le Rhône; ce point menacé, la
ligne de retraite de cette armée est compromise,
elle est obligée de rétrograder, sous peine de
voir ses communications coupées. Tous les généraux qui ont fait la guerre dans les Alpes sont
unanimes sur ce point.

On lit dans la correspondance du maréchal de Berwick pendant la campagne de 1709 : « Je « pensais que le projet des ennemis n'était pas « d'hiverner en Savoie, par le peu de soin qu'ils « prirent de fortifier Conflans, qui cependant est « la clef du pays, et sans lequel ils ne pouvaient « songer à y faire d'établissement. »

« Nous retranchâmes Conflans en 1707, dit le « général Bourcet, non pas dans l'espérance d'y « faire une grande résistance, mais pour arrêter « quelque temps l'ennemi, en sacrifiant une pe- « tite troupe qui aurait favorisé la retraite de « l'armée et donné aux bagages le temps de dé- « filer. Il serait à propos toutefois d'y tenir le « plus longtemps possible pour en ôter la pos- « session aux Piémontais, auxquels il est plus « nécessaire qu'à nous. »

Il serait avantageux de pouvoir s'assurer de la position de Conflans, qui empêcherait toute entreprise sérieuse de l'ennemi contre cette partie de la frontière, et qui couvrirait la partie la plus importante de la Savoie ; mais les conditions tactiques du terrain ne se prêtent pas à une occupation par la France, puisqu'un ennemi venant des Alpes est maître des hautes montagnes.

L'armée française doit donc se borner à défendre le passage de l'Arly, en prenant position sur la rive droite de ce torrent, faisant face au débouché de la vallée, et en ayant soin de surveiller les gués et les passages situés en amont, c'est-à-dire vers Ugine. C'est la position prise par le colonel Bugeaud dans la campagne de 1815, et dans laquelle il a livré un combat mémorable.

Vallée de la Maurienne. — La Maurienne ou vallée de l'Arc conduit au mont Cenis et au tunnel des Alpes, distant du premier passage de 30 kilomètres en ligne droite; elle est parcourue, d'Aiguebelle à Modane, par la voie ferrée allant de France en Italie, et, dans presque toute sa longueur, par la belle route du mont Cenis, ouverte sous le premier empire par Napoléon.

La voie de communication par la Maurienne ne paraît pas avoir été pratiquée sous les Romains, qui n'ont laissé dans cette vallée aucun vestige de leur occupation. Elle apparaît pour la première fois dans l'histoire avec Charlemagne, lorsqu'il descendit en 773 en Italie à la tête de son armée pour aller combattre le roi des Lombards. C'est à lui que l'on doit la fondation de l'hospice du mont Cenis, situé près du petit lac de ce nom, sur le plateau du col, que le traité d'annexion a laissé au Piémont comme appartenant au versant du Pô.

La Maurienne est resserrée, torrentueuse, et la route ne passe pas moins de six fois d'une rive à l'autre; elle commence au défilé d'Aiguebelle, qui en masque complètement le parcours.

« Aiguebelle, dit Chateaubriand dans un de « ses voyages, semble clore les Alpes; mais bien-

« tôt, en tournant un gros rocher isolé tombé
« dans le chemin, vous apercevez de nouvelles
« vallées qui s'enfoncent dans la chaîne des
« monts attachés au cours de l'Arc. Ces vallées
« prennent un caractère plus sévère et plus sau-
« vage. Les monts des deux côtés se dressent;
« leurs flancs deviennent perpendiculaires, leurs
« sommets stériles commencent à présenter quel-
« ques glaciers ; des torrents se précipitent de
« toutes parts, vont grossir l'Arc, qui court folle-
« ment.

« Bientôt le paysage atteint toute sa grandeur ;
« les forêts de pins, jusqu'alors jeunes, vieillis-
« sent ; le chemin s'escarpe, se plie, se replie sur
« des abîmes ; des ponts de bois servent à tra-
« verser des gouffres où vous voyez bouillonner
« l'onde, où vous l'entendez mugir. »

Revenant de cette pittoresque description au
langage plus sévère de la géographie, je dirai que
le peu de largeur du fond de la vallée, les escarpements des versants, les glaciers qui les couronnent, la difficulté des passages latéraux, les
ponts en grand nombre que l'on peut rompre derrière soi, facilitent la défense tactique de la vallée.

On peut citer comme un souvenir digne de
mémoire la retraite que fit, en 1793, le général
Ledoyen. Refoulé du pied du mont Cenis par des
forces supérieures, mais utilisant tous les obstacles qu'offrait le terrain, il ne mit pas moins de
quatorze jours à parcourir la vallée jusqu'aux dé-

filés du pont d'Argentine et d'Aiguebelle, où il réussit à se maintenir en attendant des secours.

Depuis le moyen âge la Maurienne n'a pas cessé, malgré l'âpreté de ses montagnes, d'être la voie de communication la plus fréquentée, comme elle est la plus directe, entre la France et l'Italie.

Envisagée cependant comme ligne d'opérations militaires d'une armée qui veut pénétrer en France, elle est loin d'être sûre. Sa courbure en demi-cercle l'expose à être prise de flanc, et même à revers, par les attaques venant du Briançonnais. De la vallée de la Durance, en effet, on communique dans la Maurienne par le col du Galibier, qui donne accès dans la combe de Valoire, d'où l'on descend à Saint-Michel. A partir de ce point, la marche offensive d'une armée ennemie en Maurienne se trouverait fatalement arrêtée par un corps qui occuperait Valoire. C'était l'emplacement d'un des camps échelonnés par le maréchal de Berwick sur sa ligne défensive des Alpes, entre Briançon et Barraux; et l'on peut y voir l'exemple d'une de ces positions de flanc qui jouent un grand rôle dans la guerre de montagnes.

Ce n'est que dans des circonstances exceptionnelles, comme en 1793 et en 1815, où l'armée française, très-inférieure en nombre, voyait son action paralysée en partie par la situation politique du pays, qu'une armée sarde a pu prendre la Maurienne comme ligne d'opérations et forcer de front les défilés d'Aiguebelle, pour déboucher dans la large et riche vallée de l'Isère.

Fort de Lesseillon. — Le fort de Lesseillon ajoute désormais une sûreté de plus à la défense de la Maurienne, en même temps qu'il assure la conservation de la voie ferrée, puisqu'il couvre en amont l'entrée du tunnel des Alpes.

Ce fort est construit sur des escarpements qui barrent transversalement la vallée, et qui forment du côté de la France comme de gigantesques escaliers coupés à pic sur l'Arc; ses défenses, de ce même côté, sont appuyées à deux échancrures ou ravins profonds qui remontent, sur les versants latéraux, jusqu'aux sommets des montagnes. Ces avantages tactiques de la position n'existent pas au même degré du côté qui fait face au Piémont, et la défense du fort devra être complétée pour ce nouveau rôle.

Les vallées de la Tarentaise et de la Maurienne, c'est-à-dire les routes du mont Cenis et du petit Saint-Bernard, sont séparées par un contre-fort élevé que traversent un petit nombre de sentiers à mulets. Nous avons déjà nommé celui de la *Vanoise*; il faut mentionner encore : 1° *le col du mont Iseran*, situé entre les sources de l'Isère et de l'Arc, passage très-praticable malgré son altitude de près de 2,700 mètres, et qui établit, au pied de la haute chaîne des Alpes, une communication entre les débouchés du mont Cenis et du petit Saint-Bernard; 2° *les cols des Encom-*

bres et de la Madeleine, qui permettent d'exercer, depuis la Maurienne, une action de flanc sur la Tarentaise.

Ayton et Chamousset.—Une des extrémités de ce contre-fort, qui sépare la Tarentaise de la Maurienne, vient expirer à Ayton, au-dessus du confluent de l'Isère et de l'Arc ; cette position commande, du côté des Alpes, l'entrée des deux vallées qui aboutissent aux passages les plus importants de la chaîne. Elle a été étudiée par la commission austro-sarde chargée, en 1815, de faire choix d'une position défensive, sur le versant occidental des Alpes, pour y construire une place forte ; mais on recula devant le grand développement à donner aux ouvrages, et devant les inconvénients d'une position aussi avancée vers la basse Savoie.

On donna la préférence à la position de Lesseillon, comme plus rapprochée des grandes Alpes, et parce qu'elle formait avec les places de Fenestrelle et d'Exilles une ligne défensive fermant les trois têtes de vallées qui sont les avenues les plus directes de Turin. Le fort de Lesseillon fut construit avec la portion de l'indemnité payée par la France, qui était échue au Piémont.

En face d'Ayton et des défilés d'Aiguebelle, on rencontre une petite hauteur qui commande l'entrée de la vallée de l'Isère vers la France : c'est la butte de Chamousset, qui a été étudiée par notre génie militaire, après l'annexion, pour un projet de fortification auquel on n'a pas donné suite, et dont l'utilité paraissait effectivement peu justifiée (1).

LES MASSIFS SECONDAIRES.

L'étage moyen, qui est séparé des hautes vallées par l'arête haute et escarpée dont nous avons parlé, comprend plusieurs massifs secondaires, qui ont tous une certaine importance militaire. Ce sont, à partir du nord, les massifs de la *Dranse*, des *Bornes*, des *Bauges* et de la *grande Chartreuse*.

Massif de la Dranse. — Le massif triangulaire de la Dranse ou des Dranses (car il y a trois cours d'eau de ce nom, qui se réunissent avant leur embouchure dans le lac) se rattache au mont Blanc et vient s'épanouir sur le littoral du lac de Genève.

Il forme, comme on l'a dit, une sorte de camp retranché naturel dont l'entrée est fermée, du côté du Valais, par les défilés de Meillerie et dont on a déjà signalé l'importance.

(1) Au mois de juillet 1597, le duc Charles-Emmanuel était venu camper sur la rive gauche de l'Isère, vis-à-vis de Chamousset, et tenta un passage de la rivière pour couper les communications des Français, qui assiégeaient le château de Charbonnière. Ceux-ci, commandés par Créqui, donnèrent l'assaut à la butte de Chamousset, où l'on avait construit une redoute, et obligèrent l'armée savoyarde à repasser l'Isère avec de grandes pertes. Le château de Charbonnière se rendit quelques jours après à Lesdiguières.

En cas d'occupation du bassin du lac de Genève par un corps d'armée ennemi, on pourrait, si l'on n'avait rien à craindre du côté du Piémont, défendre la haute vallée de la Dranse en fermant quelqu'une des cluses qui la traversent.

C'est un de ces souvenirs de glorieuse résistance que consacre le nom de *rocher de la Garde* donné à un de ces défilés. En 1536, à l'époque de l'invasion du Chablais par les Bernois, qui y apportaient la réforme religieuse, le fer et le feu à la main, les montagnards des hautes vallées de la Dranse s'y retranchèrent, et surent défendre, en même temps, leur indépendance et leur antique foi.

Tout en occupant le massif de la Dranse, on conserverait une communication avec les hautes vallées de l'Arve et de l'Isère par Tanninges, Cluse et le col de Mégève, au moyen de la route dite *stratégique* de Grenoble à Thonon. Cette route, partant d'Aiguebelle, passe au pied de Conflans, remonte l'Arly, franchit le col de Mégève, et descend à Sallenche dans la vallée de l'Arve.

Massif des Bornes. — Ce massif, situé entre l'Arve et le bassin du lac d'Annecy, est remarquable en ce qu'il présente une position centrale, d'où l'on peut déboucher dans toutes les directions par des défilés faciles à défendre. Un de ces passages, celui du col des Aravis, communique avec la route stratégique déjà mentionnée, dans le voisinage de Mégève, où a lieu la sépa-

ration des eaux de l'Arve et de celles de l'Arly.
Le massif des Bornes servirait de point d'appui
à l'aile droite du corps d'armée qui, prenant
position entre le Rhône et les Alpes, s'opposerait
à une invasion venant de la Suisse. C'était, en
petit, la situation du corps de troupes qui défen-
dait la basse Savoie en 1814.

Massif des Bauges. — Le massif montagneux
des Bauges a toujours joué un rôle important dans
les guerres sur cette frontière; c'est la position
militaire la plus importante de la Savoie.

Il se dresse, au centre du pays, comme une
forteresse naturelle, ayant pour ceinture des
montagnes hautes et escarpées, entourées par les
dépressions profondes que forment tout autour les
vallées de l'Isère, du lac du Bourget et du lac d'Annecy. De cette position centrale, on débouche dans
ces divers bassins par des chemins aujourd'hui
praticables aux voitures, mais qui traversent des
gorges étroites et des défilés faciles à défendre.

Une seule de ces ouvertures est facilement
abordable, c'est le col de Léchaud, par lequel on
communique des Bauges avec le lac d'Annecy.
Cette circonstance topographique explique, sans
doute, comment le massif des Bauges, jusqu'au
torrent du Cheran, avait été compris, d'après
une clause des traités de 1815, dans la zone
neutralisée de la Savoie, où les forces de la confédération suisse pouvaient, en cas de guerre,
venir prendre une ligne de défense.

En rapportant quelques-unes des campagnes qui ont eu lieu en Savoie, on verra que le massif des Bauges était, après la prise de Conflans, le premier objectif d'une armée austro-sarde pénétrant en Savoie. Son occupation avait un double but : déloger les Français de la position de Montmélian pour s'ouvrir la route de Chambéry, et protéger le flanc gauche de la ligne d'opérations qui, partant de Conflans, suit le lac d'Annecy et aboutit au passage du Rhône à Seyssel. A un point de vue opposé, l'occupation des Bauges, et surtout des combes d'Aillon et de la Thuile, servait au maréchal de Berwick pour y appuyer la gauche de la grande ligne défensive des Alpes, avant de la retirer sous le canon du fort de Barraux.

De son côté, le général de Bourcet indique l'occupation de cette position militaire comme la manœuvre la plus efficace pour obliger l'ennemi à lever le siége de Grenoble, s'il s'était avancé jusque-là.

« Les troupes de Lyon, dit-il, passeront le « Rhône entre Seyssel et le fort de l'Écluse, et « se porteront en deux marches dans les monta-« gnes des Bauges. On ne met nullement en « doute que l'ennemi n'attendra pas cette jonc-« tion pour lever le siége de Grenoble, par « la difficulté qu'il aurait de recevoir ses con-« vois, que nous serions à portée de lui en-« lever. »

Montmélian. — Au pied des pentes escarpées des Bauges qui regardent l'Isère, sur un rocher qui domine cette rivière, à l'endroit où elle change de direction pour entrer en Dauphiné, s'élevait jadis la célèbre forteresse de Montmélian, réputée une des plus fortes d'Europe; c'était le boulevard de toute la basse Savoie. Elle couvrait la communication de Turin avec Chambéry, le chef-lieu du duché, contre les attaques venant de la vallée de Graisivaudan ; et le cours de l'Isère, entre Conflans et Montmélian, devenait ainsi une bonne base d'opérations contre le Dauphiné. Cette place a joué un rôle important dans les guerres sur cette frontière. Elle subit deux siéges mémorables, celui de 1559, dont Sully dirigea les attaques en présence de Henri IV, et celui de 1691, par Catinat; défendue alors vaillamment, elle capitula après dix-neuf mois de blocus et trente-cinq jours de tranchée ouverte.

Rendue au Piémont, elle fut reprise de nouveau, quelques années après, par les Français, à la suite d'un blocus, et rasée en 1705 par ordre de Louis XIV (1).

Aujourd'hui la place de l'antique forteresse n'est plus marquée que par des ruines, presque cachées au milieu de vignobles, et auxquelles le

(1) On peut consulter sur Montmélian l'intéressant ouvrage de M. Léon Menabrea, intitulé *Montmélian et les Alpes.*

voyageur, emporté par la locomotive sur la voie
ferrée des Alpes, jette, en passant, un regard
rapide et distrait; mais ces vestiges ont encore
un langage pour celui qui cherche dans le passé
les souvenirs de l'histoire, ou, avec plus d'intérêt
encore, ceux de la patrie.

Les remparts de Montmélian ne furent pas
relevés, parce que les ducs de Savoie s'étaient
convaincus, par une expérience répétée, de la
difficulté de se frayer un chemin dans les gorges
des Alpes, pour lui porter secours, et de la difficulté plus grande encore de la préserver des
dangers d'un blocus pendant la mauvaise saison.
A deux reprises, en effet, les corps d'armée débouchant du Piémont furent arrêtés avant d'arriver à leur destination (1).

Massif de la grande Chartreuse. — Le massif
montagneux de la grande Chartreuse, traversé,
comme nous l'avons dit, par l'ancienne frontière
de la Savoie, est ainsi appelé du nom du couvent
fondé au dixième siècle dans ces solitudes, et qui
subsiste encore aujourd'hui.

Ces montagnes plongent sur la vallée de l'Isère
par des pentes escarpées dont le point culminant

_____

(1) En 1600, le duc Charles-Emmanuel ayant franchi
les Alpes pour secourir Montmélian assiégée par Henri IV,
ne put pas pénétrer au delà de Ayme, en Tarentaise.

En 1705, le baron de Saint-Remi passa le petit Saint-
Bernard et s'avança jusqu'à Chambéry, mais il ne réussit
pas à ravitailler Montmélian.

6.

est le mont Granier au-dessus de Chambéry. Elles se rattachent, comme nous l'avons dit, par les défilés de la Grotte, à l'arête rocheuse de la montagne de l'Epine et du mont du Chat.

Fort Barraux. — Au pied de ces escarpements, sur un plateau qui s'en détache et s'avance sur l'Isère de manière à en commander le passage, s'élève le fort Barraux. Il est sans grande importance par lui-même, à cause de la largeur de la vallée et des positions qui commandent ses défenses à petite portée ; mais il peut servir à l'assiette d'un camp retranché dont le front serait couvert par quelques-uns des ravins profonds qui sillonnent la paroi de la montagne. C'est la position occupée par le maréchal de Berwick pour couvrir la vallée de l'Isère, et menacer la ligne d'opérations de l'armée austro-sarde qui se dirigeait sur le Rhône par Chambéry et le bassin du Bourget. Le camp de Barraux se reliait à la défense du fleuve par les postes du château d'Entremont, des Echelles et de Chanaz. Comme on le voit, le massif montagneux de la grande Chartreuse, appuyé au camp de Barraux et à la place de Grenoble, forme, au point de vue de la défense de la France, une sorte de grand bastion qui couvre tout le terrain situé entre l'Isère et le Rhône. Si la défense de la frontière s'établit, comme l'avait fait le maréchal de Berwick, par une ligne de bataille allant du Rhône aux Alpes, il sert d'appui à l'aile gauche, et l'ennemi hésite à se porter sur le Rhône, qu'il ne saurait se hasarder à franchir à moins d'une très-grande supériorité de forces. Si la défense s'établit au contraire parallèlement aux Alpes, on peut considérer le Rhône, depuis le fort de l'Ecluse à Pierre-Châtel, comme une sorte de vaste courtine dont le Jura, au nord, et le massif de la grande Chartreuse, au midi, figurent les bastions; c'est la ligne de défense prise par le maréchal Suchet en 1815.

Grenoble. — Entre les montagnes de la grande Chartreuse et celles qui forment le revers occidental du mont Pelvoux, il n'existe qu'une trouée qui sert de passage à l'Isère et à la voie ferrée. Cette ouverture est fermée par la place de Grenoble, dont les fortifications s'étendent sur la rive gauche de l'Isère et couronnent les derniers ressauts du contre-fort, qui vient tomber en pentes abruptes sur la rivière. Grenoble, placée en seconde ligne derrière les forteresses des Alpes, elle intercepte la route qui permettrait à l'ennemi de se porter sur Lyon, en tournant les défenses du massif de la grande Chartreuse, et l'oblige à aborder de front la partie du cours du Rhône qui forme une ligne avancée de défense.

Il semble cependant que, tout en conservant les avantages tactiques qui tiennent à la configuration du terrain, l'importance de cette place, au point du vue de la défense de toute la frontière des Alpes, a diminué depuis l'ouverture de la route du Simplon et l'annexion de la Savoie. Nous nous reporterons, à cet effet, aux considérations militaires qui ont été développées en parlant du bassin de Genève, et de la nécessité où est l'ennemi de préparer l'investissement de Lyon par une marche offensive contre le bassin de la Saône.

Route du Lautaret. — Une très-bonne route militaire, qui remonte la vallée sauvage et torrentueuse de la Romanche, relie Grenoble à Briançon, en passant par le col du Lautaret, dont l'altitude est égale à celle des passages de la haute chaîne des Alpes.

Cette route formait une sorte de chemin couvert entre le centre et l'aile gauche de la grande ligne défensive des Alpes; elle conserve aujourd'hui encore tous ses avantages.

Défense de la Savoie par le Piémont. — On voit, par la description qui vient d'être faite, combien était précaire, depuis la destruction de Montmélian, l'occupation par le Piémont de la basse Savoie. Les troupes, stationnées sur ce territoire, étaient toujours sous la menace de voir leurs communications avec le Piémont coupées par une agression subite venant de la vallée de l'Isère; elles étaient obligées, dans ce cas, de se jeter dans les Bauges et de faire une retraite désastreuse, comme il arriva en 1742 et en 1792.

Le Piémont ne pouvait embrasser, dans son système de défense, que les hautes vallées, c'est-à-dire ce que nous avons appelé *l'étage supérieur du versant*. Il fallait, pour cela, fermer le défilé étroit situé entre Ugine et Faverges, de manière à utiliser comme ligne de défense l'arête escarpée qui sépare ces hautes vallées des massifs secondaires, et occuper fortement la position de Conflans. La vallée de la Tarentaise et le petit Saint-Bernard étaient alors à couvert; quant à la vallée de la Maurienne, elle était gardée par le fort de Lesseillon. Mais, par suite de la configuration du territoire, de la dissémination des troupes qui occupaient la Savoie, ou encore de la disproportion des forces vis-à-vis de la France, les Piémontais évacuèrent presque toujours rapidement la Savoie, pour reporter la défense aux positions de la grande chaîne des Alpes. Quant au rôle de la forteresse de Lesseillon, il n'a pas pu être apprécié.

M. le général Ménabrea, placé aujourd'hui à la tête du corps du génie militaire italien, a exposé, alors qu'il était capitaine du génie, ses vues sur la défense de la Savoie par le Piémont, dans un mémoire dont nous allons donner une analyse rapide.

« La partie de la haute chaîne, dit M. Mena-
« brea, qui correspond au bassin du Rhône est
« la barrière naturelle qui sépare le Piémont de
« la France. Parmi les passages qui s'y rencon-
« trent, on en distingue spécialement cinq ac-
« cessibles aux armées savoir : le Simplon, les
« deux Saint-Bernard, le mont Cenis et le mont

« Genèvre. Ces passages sont distribués sur une
« ligne de 58 lieues environ, dont 34 appartien-
« nent à la portion sur laquelle s'appuie la Sa-
« voie ; c'est donc dans la dépendance de cette
« province que se trouvent les portes de l'Italie.
« On peut considérer le Piémont, par rapport à
« la France, comme une immense place forte
« qui a pour remparts les Alpes et pour ouvrages
« avancés les nombreux contre-forts qui s'en
« détachent ; Turin, situé précisément à l'endroit
« vers lequel rayonnent les débouchés des mon-
« tagnes, en est le réduit. »

M. Menabrea combat ensuite la tactique qui
consisterait à concentrer l'armée sous les murs
de la capitale, en se bornant à inquiéter la marche des colonnes ennemies dans les vallées des
Alpes qui leur servent de lignes d'opérations.
« N'est-ce pas, dit-il, aller au-devant des désirs
« de l'ennemi que de lui permettre de franchir
« les montagnes, pour se borner à venir l'at-
« tendre au débouché des vallées ? Une bataille
« est ce qu'il demande, et on la lui offre, tandis
« qu'on devrait songer à le détruire avant qu'il
« soit parvenu sur le terrain propre à la li-
« vrer. »

Après avoir conseillé de reporter la défense
sur le versant de la Savoie, et après avoir indiqué
a ligne de défense qui embrasse les hautes vallées,
il poursuit ainsi :

« Une seule portion de cette ligne se trouve-

« hait assez faible, c'est l'espace compris entre
« Albertville, Conflans et Ugine; mais la nature
« elle-même y a placé une forteresse naturelle
« pour la couvrir, c'est le groupe des Bauges...
« Baignés sur une des faces de leur contour par
« le lac d'Annecy et sur une autre par l'Isère,
« rivière rapide et profonde, les Bauges, qui ne
« sont accessibles que par un petit nombre de
« passages faciles à défendre, forment comme
« un ouvrage avancé du haut duquel on domine
« Albertville, Montmélian, Chambéry, Aix, An-
« necy, Faverges et Ugine. »

Ici, l'auteur exprime l'avis que le massif des
Bauges pouvait être occupé, comme un ouvrage
isolé, pour disputer à l'armée française la possession des bassins environnants et entretenir une
guerre de chicane dans la basse Savoie, dans
le cas où le Piémont aurait eu en vue la possibilité d'un retour offensif dans la même campagne.

« La Savoie, ajoute en concluant M. Menabrea,
« n'est point inutile pour la défense de l'Italie :
« le courage et l'industrie de ses habitants, les
« ressources qu'offrent les produits variés et
« abondants de son sol, concourent, avec la con-
« figuration topographique des lieux, à rendre
« formidable la résistance qu'on y peut orga-
« niser. Aussi l'épée du souverain qui domine
« les deux versants des Alpes est-elle d'un poids
« bien autrement grand dans la balance de l'Eu-
« rope, que si, ôtant à ce même souverain la pos-

« session de ces rochers abrupts et de ces glaces
« éternelles, on cherchait à le dédommager par
« de plus vastes contrées. »

PRÉCIS HISTORIQUE DES OPÉRATIONS MILITAIRES
EN SAVOIE DEPUIS LE XVIIᵉ SIÈCLE.

Les considérations qui précèdent éclairciront
beaucoup l'analyse qu'il nous reste à faire des
opérations militaires en Savoie pour compléter
notre étude sur ce pays.

Dans les campagnes de 1708 à 1712 qui suivirent la perte de la bataille de Turin, l'armée
française, après avoir évacué le Piémont et la
Lombardie, se tint sur la défensive sur toute la
frontière des Alpes. Le maréchal de Villars et
après lui le maréchal de Berwick, furent chargés
de couvrir tout le terrain qui s'étend depuis le
fort de l'Écluse jusqu'au Var.

Nous avons dit ce qu'était la ligne défensive
des Alpes, dont le centre était à Briançon et la
gauche au camp retranché de Barraux. Des ponts,
jetés sous la protection du canon du fort, assuraient le passage sur la rive gauche de l'Isère et
faisaient communiquer le camp avec le rideau de
collines qui côtoient cette rivière depuis la Chavanne, située en face de Montmélian, jusqu'à la
butte de Chamousset. Cette berge élevée domine
au loin la plaine qui s'étend sur la rive droite, et
se prête à une bonne défense. Des postes couvrant la communication capitale de l'armée, étaient

établis à Aiguebelle, Saint-Jean de Maurienne, Saint-Michel et Valoire. Ce dernier était le plus important ; voici ce qu'en écrivait le maréchal de Berwick :

« Pour assurer les navettes nécessaires, j'ava
« la principale attention sur Valoire, poste ex-
« cellent qui couvrait le Galibier, empêchait les
« ennemis de descendre en Maurienne plus bas
« que Saint-Michel, et par conséquent les rejetait
« nécessairement dans la Tarentaise, s'ils vou-
« laient aller en Savoie, me donnant le temps
« d'y arriver avant eux et de m'y placer.

« J'étais sûr que, tant que je ne laisserais aux
« ennemis de communication que par le petit
« Saint-Bernard, ils ne pourraient pas hiverner
« en Savoie. »

Dans la tactique du maréchal, la Savoie, il faut bien le dire, n'était en avant de sa ligne de bataille qu'un terrain de guerre de chicane, qu'il ne pouvait couvrir d'une protection efficace.

« Je ne comptais pas, écrit-il à Louis XIV,
« garder la Tarentaise ni le reste de la Savoie,
« parce que ma ligne eût été trop droite.

« Les troupes qu'on mettra en Tarentaise ne
« seront là que pour aider à avoir des nouvelles
« de ce qui se passe au delà des monts ; elles
« doivent toujours être en état, dès qu'il y aura
« un ennemi supérieur, de se replier de l'Isère
« à Conflans, pour ensuite se jeter derrière le
« Rhône et en défendre le passage. »

Pour apprécier à leur valeur le coup d'œil militaire et la hauteur de vues dont fit preuve le maréchal de Berwick, en définissant avec autant de clarté que de précision la tactique qu'il comptait suivre dans la défense de cette frontière, il faut dire que la plus complète divergence de vues s'était manifestée dans la campagne de l'année précédente (1708), parmi les généraux chargés d'occuper la Savoie, sur la valeur des positions et le meilleur mode de défense du pays. Ce fait, qui s'est reproduit depuis, a de l'intérêt, parce qu'il montre combien est difficile l'application des principes de l'art de la guerre, même dans les pays de montagnes, où la configuration du terrain a une influence si directe sur les opérations militaires.

M. de Medavi, qui s'était acquis une grande réputation militaire dans la campagne de 1706, en Lombardie, insistait pour la défense du pied du petit Saint-Bernard, au moyen de la ligne de retranchements établie en avant de Bourg-Saint-Maurice (1). « Ces retranchements abandonnés,

(1) Le projet d'une ligne de défense entre Briançon et la Savoie par le Galibier, dont l'honneur est attribué au maréchal de Berwick comme à celui qui l'a mis à exécution de la manière la plus brillante, fut proposé en 1708, par conséquent un an avant l'arrivée du maréchal à l'armée des Alpes, par M. de Medavi. Ce général le rappelle lui-même dans un mémoire à la cour, écrit pendant la campagne de 1710. Il croyait pouvoir en même temps défendre la tête

« dit-il, l'ennemi peut pénétrer dans la vallée de
« Beaufort par le col du Bonhomme, en Mau-
« rienne par le col de Leisse, dans la vallée de
« Bozel, qui tombe à Moutiers, par le col du Pa-
« let. Puis, Moutiers abandonné, il serait maître
« du col des Encombres et de la Colombe (Made-
« leine.) »

M. de Vallière pensait, au contraire, que le
camp retranché de Saint-Maurice était inutile,
par l'impossibilité de s'y « soutenir, et qu'en cas
« d'attaque d'un corps considérable, il fallait se
« retirer à Conflans, où devait être le principal
« corps, en ayant soin d'occuper le col de Co-
« lombe (de la Madeleine) et de faire rompre les
« ponts sur l'Isère. »

Selon le même général, le col du Cormet, qui
conduit dans la vallée de Beaufort, devait être
occupé par un détachement du camp de Conflans, et ce camp lui-même pouvait être défendu
en retranchant et fortifiant la hauteur de ce nom.

Cette dernière opinion, soutenue par M. de
Chamlay, était vivement combattue par M. de
Medavi. « A l'égard du poste de Conflans, écrit-
« il, je voudrais bien que l'auteur m'apprît par
« où les troupes qui le garderont pourraient se
« retirer, si elles attendaient que l'ennemi, maî-

de la vallée de l'Isère ; c'est en cela que le maréchal vit
plus juste, et corrigea une disposition qui aurait pu nuire
au plan général de défense de la frontière.

« tre de la vallée de Beaufort, eût passé la rivière
« de l'Arly. »

Le maréchal de Tessé est du même avis : « Il
« pense que ce corps retranché sous Conflans
« est inutile, car il peut être tourné par sa droite
« et déposté sans un coup de fusil. »

Après ces indications générales sur les conditions de la défense de la Savoie, telles qu'on les
envisageait à cette époque, nous allons rapporter
quelques-uns des faits particuliers relatifs aux
deux campagnes de 1709 et 1711 sur cette frontière.

Campagne de 1709. — Au début des opérations,
le maréchal de Berwick établit son quartier général, avec 20 bataillons, sur la route conduisant de
Briançon au col du Galibier et à celui du Lautaret.

L'armée austro-sarde, forte de 45 bataillons et
de 54 escadrons, franchit les Alpes le 11 juillet
et vint camper au pied du mont Cenis.

Le comte de Thaun, qui la commandait, avait
des vues sur Briançon ; mais voyant l'armée française immobile dans ses positions, et ne pouvant
descendre plus avant en Maurienne sans s'exposer à être pris de flanc, il jette le gros de ses
forces en Tarentaise par le col de la Vanoise.

Le comte de Thoy, qui commandait le corps
français en Tarentaise, se replie, selon les in-
structions qu'il avait reçues, d'abord sur Fessons,
puis sur la Roche-Cevin, où il soutient un combat
d'arrière-garde et perd 600 hommes.

Cette circonstance l'empêcha sans doute de prendre position, ainsi que le lui avait prescrit le maréchal, « sur les hauteurs vis-à-vis de Con-
« flans de l'autre côté de l'Arly, rompant le pont
« afin de donner le temps au comte de Medavi
« (qui occupait la Maurienne) de se joindre à lui
« par derrière l'Isère, ou de lui envoyer un ren-
« fort suffisant de troupes. »

M. de Medavi ne s'arrêta pas dans cette position, que devait illustrer en 1815 le colonel Bu-
geaud, et il vint se réfugier dans le camp de Fréterive, situé à cheval sur l'Isère, un peu en amont du confluent de cette rivière avec l'Arc; mais, n'ayant pas eu la précaution de faire occuper sur sa gauche les montagnes de Tamié, il ne tarda pas à être délogé.

Le maréchal était resté jusque-là immobile dans la crainte que l'armée sarde ne fît une con-
tre-marche rapide par le col de la Roue pour in-
vestir Briançon. Il accourt en toute hâte à la gauche de sa ligne, s'établit à Montmélian jette 1600 hommes dans les Bauges.

L'armée austro-sarde occupe alors Conflans et s'avance dans le bassin du lac d'Annecy; toute sa cavalerie (70 escadrons) se porte vers Seyssel, sur le Rhône. Ce fleuve était défendu par un corps volant, composé de la cavalerie qui s'était repliée depuis la Tarentaise et de quelques bataillons d'infanterie appuyés des milices du Bugey et de la Bresse.

Il y avait, en outre, à Chanaz, à l'extrémité du lac du Bourget, un fort détachement prêt à franchir le Rhône en cas de besoin.

La nouvelle que le corps de troupes commandé par le comte de Mercy avait été battu dans la haute Alsace, fit échouer le projet d'une jonction des Impériaux et des Piémontais en Franche-Comté, et détermina le comte de Thaun à repasser les Alpes. Le chemin de la Vanoise s'étant trouvé fermé par les neiges, il fut obligé de rentrer en Piémont par le petit Saint-Bernard.

Le maréchal informe, le 26 septembre, le roi de la retraite de l'armée ennemie : « Je compte présentement notre campagne comme finie, écrit-il ; nous avons, Dieu merci ! rendu inutiles les « grands projets des ennemis. J'ose même assurer « à Votre Majesté que tant que la guerre durera, « il ne leur sera pas possible de rien entreprendre « sur cette frontière, par l'heureuse situation « que nous avons trouvée. La Savoie a été la « seule victime de cette campagne, *elle a été* « *mangée par les deux armées.* »

Campagne de 1711. — En 1711, l'ennemi avait fait de grands préparatifs à Coni, ce qui fit craindre qu'il n'eût le projet de se porter sur le Var, dont la ligne fut garnie de retranchements. Le maréchal établit son quartier général et un camp de 24 bataillons à Guillestre, à mi-chemin entre Briançon et Tournoux ; il pouvait de là se rendre en cinq jours sur le Var et en trois jours en Savoie, par le Galibier.

La colonne principale de l'armée austro-sarde, commandée par le duc Victor-Amédée en personne, entra en Savoie le 6 juillet par le mont Cenis, et campa le 7 à Thermignon. Comme dans la campagne précédente, elle traverse le col de la Vanoise et se jette en Tarentaise, où elle se réunit à la colonne qui était entrée par le petit Saint-Bernard.

L'armée austro-sarde occupe Conflans, sans rencontrer de résistance, passe l'Arly et vient camper sur la rive droite de l'Isère, à la hauteur de Chevron, la droite au col de Tamié.

Le maréchal reçoit, le 6 juillet, l'avis de la marche du duc de Savoie. Le 7, il quitte son camp de Guillestre ; le 9, il est à Valoire et le 10 à Saint-Jean de Maurienne.

Il vient occuper, comme l'année précédente, la position de Montmélian, où il rallie la colonne venant de la Tarentaise, et jette 6 bataillons dans les Bauges.

Le duc de Savoie, qui avait fait avancer un corps de troupes par Faverges dans le bassin du lac d'Annecy, fait attaquer le massif des Bauges, rejette les Français de la combe d'Aillon dans celle de la Thuile et sur Montmélian. Le maréchal évacue alors cette dernière position, et se retire avec 35 bataillons dans le camp de Barraux, qu'il fait retrancher avec soin, afin de se ménager la possibilité de faire de gros détachements.

L'armée du duc de Savoie, débouchant alors des Bauges, prend position sur la rive droite de l'Isère, en avant de Montmélian, et sa cavalerie occupe Chambéry.

Le maréchal, comme on le voit par sa correspondance, éprouvait les craintes les plus vives de voir l'ennemi effectuer le passage du Rhône ou s'ouvrir le chemin du Dauphiné par le défilé des Echelles. Il fait occuper par de forts détachements le château d'Entremont, aux sources du Guiers, et envoie au poste des Echelles l'ordre de se retirer, en cas de nécessité, sur Voreppe, pour couvrir de ce côté la place de Grenoble. Enfin l'ordre est envoyé « aux milices bourgeoises « de Lyon, de monter de grosses gardes aux « portes de la ville sur le Rhône, en attendant « un renfort de 25 escadrons attendu d'Alsace. » Au bout de quelque temps, voyant l'inaction de l'ennemi, le maréchal ne sait plus se rendre compte de ses projets. Il suppose que le duc se propose d'hiverner en Savoie en s'établissant derrière la ligne du Cheran, la droite au Rhône. Mais Victor-Amédée ne pousse pas plus loin ses premiers avantages, et, renonçant à déloger le maréchal de sa forte position de Barraux, il se décide à rétrograder et reprend le 8 septembre le chemin du Piémont.

Le maréchal prend l'offensive à son tour et

dirige lui-même sur le fort d'Exilles et les retranchements de Saint-Colomban, situés sur le versant gauche de la vallée de la Doire, une tentative dont il attendait d'heureux résultats pour reprendre cette place.

Elle échoua par suite du défaut de simultanéité des deux attaques, dont l'une devait se faire par le plateau du mont Cenis et l'autre par le fond de la vallée de Doire.

Ces deux campagnes de 1709 et 1711 ont cela de particulier, que les opérations des deux adversaires y ont presque la régularité d'une manœuvre, dont le programme a été tracé à l'avance, et, à ce point de vue, elles servent à faire ressortir les avantages tactiques des positions importantes de la Savoie, telles que Valoire, Conflans, Montmélian, les Bauges et Barraux.

Elles ne présentent, d'autre part, aucun fait d'armes important et montrent combien était restreint à cette époque le cercle des opérations militaires, et combien on jugeait dangereux de s'éloigner beaucoup de sa base d'opérations.

Le duc de Savoie envisageait son échiquier stratégique comme limité au revers des Alpes, et la prise d'une forteresse telle qu'Exilles, Fenestrelle, ou Briançon, lui paraissait le seul objectif qu'il fût possible d'atteindre.

La Savoie une fois évacuée par les Français jusqu'au Rhône, il ne se décide ni à franchir ce fleuve ni à attaquer le maréchal dans son camp

7.

de Barraux. Peut-être espérait-il l'obliger à abandonner cette position ; mais il aurait fallu pour cela, après avoir fortifié Conflans afin de s'en assurer la possession et de protéger sa ligne de retraite, menacer sérieusement Grenoble ou Lyon. Quoi qu'il en soit, l'avantage est ici au maréchal, qui avec des forces restreintes et sans grand sacrifice d'hommes, réussit, par la justesse de ses combinaisons, à couvrir toute cette frontière des Alpes. Sa confiance fut si grande, qu'il offrit au roi, dès 1710, d'envoyer en Espagne, où la France avait subi des revers, une partie des forces placées sous son commandement.

Campagne de 1793. — En 1793, Lyon, déclarée rebelle par la Convention nationale, était assiégée par l'armée républicaine et attendait sa délivrance d'un secours étranger.

Une armée sarde pénétra en Savoie par les deux passages du mont Cenis et du petit Saint-Bernard. Les généraux français qui occupaient les vallées de la Tarentaise et de la Maurienne, se replièrent en disputant le terrain pied à pied, et réussirent à arrêter les colonnes ennemies aux défilés de Briançon sur l'Isère et d'Argentine sur l'Arc, jusqu'à l'arrivée des secours.

Les généraux sardes, manquant de hardiesse dans l'offensive, se contentèrent d'occuper des positions dans les hautes vallées, et leurs deux corps principaux restèrent séparés par un contre-fort élevé. Une colonne, détachée dans la haute vallée de l'Arve, réussit seule à pénétrer jusque près de Bonneville, et son apparition fut le signal de quelques soulèvements partiels contre l'occupation française.

Kellermann, quittant le siége de Lyon, accourt en toute hâte en Savoie avec 8 bataillons, prend une offensive vigoureuse en Maurienne et manœuvre sur les pentes du contre-fort situé entre l'Arc et l'Isère, de manière à s'emparer du col de la Madeleine, qui était la communication la plus directe entre les corps piémontais. Il réussit à s'interposer entre eux, menace leurs flancs et les oblige à la retraite. Jamais expédition ne présenta en faveur du Piémont autant de chances de réussite et ne fut conduite avec plus d'hésitation. Le général Jomini, en racontant cette courte campagne, fait observer que, dans les pays de montagnes, quand les diverses colonnes de l'armée d'invasion ont la supériorité numérique, elles doivent, sans se laisser arrêter par la crainte d'être tournées, se diriger vivement sur les points d'embranchement des vallées, et séjourner le moins possible dans les gorges intermédiaires. Ces points étaient, dit-il, pour les troupes sardes, d'abord les retranchements du pied du petit Saint-Bernard, en second lieu Conflans et Ayton, et enfin Montmélian. Leurs colonnes auraient dû marcher et combattre jusqu'à ce qu'elles les eussent successivement atteints.

Cette courte campagne présente avec celle du

maréchal de Berwick cette différence, que la tactique de la défense consiste à fermer aux colonnes ennemies les débouchés des hautes vallées, puis à reprendre l'offensive par la même voie pour les refouler sur les Alpes. L'action de flanc par Valoire et le col du Galibier ne joua ici qu'un rôle très-secondaire, bien que Kellermann eût eu la précaution d'y faire marcher un détachement depuis le camp de Tournoux.

Campagne de 1814. — Le général Bubna, qui commandait l'aile gauche de l'armée de Bohême, avait fait son entrée dans Genève, comme nous l'avons dit ailleurs, le 31 décembre 1813; il dirigea aussitôt sur Chambéry la brigade du général Zeichmeister, forte de 3,000 hommes et d'une batterie de 8 pièces, en même temps qu'il marchait lui-même avec le gros de ses forces sur Lyon.

Le corps chargé d'envahir la Savoie devait seconder les opérations du corps principal et intercepter les communications avec le mont Cenis, pour empêcher l'arrivée de secours provenant de l'armée d'Italie. La défense de la frontière de la Savoie vers Genève était dans les plus mauvaises conditions; 1400 hommes à peine, en y comprenant les brigades de douane qu'on avait réunies à la hâte, y étaient éparpillés sur divers points. Les détachements les plus avancés occupaient la ligne du Fier, c'est-à-dire Annecy et Rumilly.

Attaqués le 15 janvier par des forces supérieures, ils se replièrent en faisant bonne contenance, et vinrent occuper la position de l'ancien camp retranché de Barraux et celle de Pontcharra, située presque en face, sur la rive gauche de l'Isère.

Les Autrichiens, entrés à Chambéry le 20 janvier, avaient attaqué et forcé les défilés des Échelles. Les routes de Lyon et de Grenoble étaient ouvertes; des partis ennemis s'avançaient dans la direction de Voreppe et de Voirons. Une colonne autrichienne, partie d'Annecy, avait traversé les Bauges et débouché dans la vallée de l'Isère.

Une marche hardie des Autrichiens sur Grenoble les eût rendus maîtres de cette place, qui n'était pas à l'abri d'un coup de main. L'alarme y était extrême, et on avait évacué en toute hâte le matériel d'artillerie sur Valence et sur les places des hautes Alpes.

Mais le général Zeichmeister se laissa imposer par les positions de Barraux et de la Chavanne. Ces hauteurs, dont les Français avaient repris possession, sont situées sur la rive gauche de l'Isère et commandent le pont de Montmélian.

L'inaction des Autrichiens dura du 20 janvier jusqu'à la mi-février, sans autre tentative qu'une attaque mal conduite sur les positions de Barraux. Dans cet intervalle, les Français avaient reçu des renforts par la route du mont Cenis. Le général

Marchand avait pris le commandement des troupes et déployait, de concert avec le général Dessaix, chargé d'organiser la levée en masse en Savoie, la plus grande énergie. Les forces dont ces généraux pouvaient disposer, s'élevaient à 3,500 hommes et 8 pièces d'artillerie.

Le 17 février, les Français s'ébranlent et reprennent l'offensive sur toute la ligne pour coopérer au mouvement du maréchal Augereau sur le Jura ; le poste des Échelles est repris, l'Isère franchie à Montmélian et trois colonnes d'attaque se réunissent sous les murs de Chambéry.

Les 19 et 20 février 1814 les hauteurs de Lémenc, qui dominent cette ville au nord, celles de la Croix-Rousse et le château de Montagny, qui couvraient la retraite des Autrichiens sur Aix-les-Bains, furent attaqués et emportés par les Français.

L'ennemi, vivement poursuivi, se dirigea sur Genève en deux colonnes, passant par Annecy et par Rumilly. La première soutint des combats d'arrière-garde à Alby, sur les hauteurs de Saint-Sylvestre, à Annecy et au pont de Lacaille, où le torrent des Usses coule dans une coupure profonde bordée de précipices. La seconde colonne défendit le passage du Fier au pont de Copet.

Ces deux colonnes se réunirent en avant de Saint-Julien, où elles prirent position avec 14 pièces d'artillerie. Le 1ᵉʳ mars, les Français les attaquèrent et occupèrent la ville après une lutte sanglante, où ils eurent trois cents hommes hors de combat.

Les Autrichiens, qui avaient subi de fortes pertes, repassèrent l'Arve et se retirèrent sur Genève, qui avait été mise par eux en état de défense.

Le général Dessaix vint prendre position, au confluent de l'Arve et du Rhône, dans le camp retranché naturel dont nous avons parlé. Il fit occuper sur sa gauche Seyssel et Châtillon de Michaille pour fermer l'entrée des gorges de Nantua.

On était au 3 mars, Genève était cernée de toutes parts et Dessaix était en mesure de l'attaquer, en passant le pont de Carouge, dès que les têtes de colonnes du maréchal Augereau, dont on signalait l'arrivée, déboucheraient du Jura sur le littoral du lac.

La garnison de Genève, menacée de se voir couper sa ligne de retraite, se préparait à évacuer la place, et déjà on traitait de sa reddition, lorsque le mouvement de retraite d'Augereau sur Lyon vint arrêter brusquement toutes les combinaisons. Le général Dessaix dut se borner à rester sur la défensive, jusqu'au moment où la nouvelle de la capitulation de Lyon vint mettre un terme aux opérations de la campagne.

La marche rapide et l'initiative vigoureuse du petit corps commandé par Marchand et Des-

saix (1), et qui formait l'aile droite de l'armée de
Lyon, contrastent avec la lenteur et l'hésitation
du corps principal. Ces généraux avaient con-
tribué de tout leur pouvoir à la reprise de Genève, dont Napoléon avait fait la clef des opérations de cette campagne.

Campagne de 1815. — Au début de la campagne de 1815, avant que les puissances alliées
eussent eu le temps de préparer une nouvelle
invasion de la France, les détachements sardes
en Savoie gardaient les deux rives de l'Isère
jusqu'à Montmélian, que le traité de Paris avait
laissé au Piémont.

Le 14e régiment de ligne, sous le commandement du colonel Bugeaud, occupait les montagnes des Bauges, que le traité de Paris avait
laissées à la France avec toute la basse Savoie.
Il avait reçu l'ordre de marcher sur Conflans, en
même temps que d'autres colonnes françaises se
portaient sur Montmélian et Aiguebelle pour cher-

(1) Le général Dessaix, qui avait été, en 1812, gouver-
neur de Berlin, était né à Thonon.

La Savoie a donné, sous le premier Empire, les généraux
de division Curial, Dupas, Chastel, Pacthod et Monfalcon, et
les généraux de brigade Forestier et de Martinel. Parmi les
colonels, il me sera permis de nommer le colonel d'artillerie Borson, élève sous-lieutenant à l'école de Châlons en
1795, commandant l'artillerie à Erfurth en 1813, et re-
traité en 1832, comme directeur à Auxonne.

cher à y envelopper les détachements sardes.

Bugeaud, voulant, comme il le dit lui-même dans ses *Aperçus de la petite guerre*, ouvrir la campagne par un de ces coups de main qui élèvent le moral des troupes, prit d'habiles dispositions pour enlever le poste qui occupait Saint-Pierre d'Albigny, au pied des pentes escarpées des Bauges. Dans ce but, il fit descendre, à l'entrée de la nuit, 3 compagnies par un sentier fort roide qui les conduisit dans la vallée de l'Isère, où elles prirent position de manière à couper la retraite du poste sarde sur Conflans. C'est ce qui eut lieu, et le 14e régiment fit de nombreux prisonniers.

Les Français, s'avançant vers les vallées de la Maurienne et de la Tarentaise, refoulèrent les troupes sardes, d'ailleurs inférieures en nombre, jusqu'au pied des Alpes.

L'armée coalisée, s'étant rassemblée dans la plaine du Piémont, ne tarda pas à reprendre l'offensive.

Nous avons déjà eu l'occasion d'indiquer le plan de campagne qui avait été arrêté à Milan, et la marche de l'aile droite de l'armée d'Italie sur Genève, par la route du Simplon.

L'aile gauche de cette armée, commandée par le général Bubna, et forte de 30,000 hommes, dont 12,000 composaient le contingent piémontais, entra en Savoie par le mont Cenis et le petit Saint-Bernard ; elle devait se porter sur

Lyon par la rive gauche du Rhône, après avoir investi la place de Grenoble.

Le maréchal Suchet ne pouvait opposer à ces 70,000 hommes que 2 divisions, appuyées par quelques bataillons de gardes nationales. Avec ces forces disséminées, il devait couvrir une étendue de près de 30 lieues de frontière, entre le pied du Jura et Grenoble.

La division Dessaix avait été dirigée sur Thonon, où elle défendit, comme nous l'avons vu ailleurs, les défilés de Meillerie, le passage de la Dranse et de l'Arve, avant de se replier sur la position des Rousses. Les troupes de la seconde division, après avoir fait leur retraite par les vallées de la Maurienne et de la Tarentaise, prirent position à Aiguebelle et à Conflans, qui en ferment les débouchés.

Les 27 et 28 juin, les avant-gardes ennemies se présentèrent en grandes forces devant ces deux positions. Conflans, attaqué à la fois par deux colonnes, l'une venant de la vallée de l'Isère, l'autre de Beaufort, était défendu par le 14e régiment et par 1 bataillon du 20e, sous le commandement du colonel Bugeaud.

Le combat fut vif et opiniâtre. Les troupes françaises défendirent successivement le village de Conflans, le pont de bois à demi détruit de l'Arly et le bourg de l'Hôpital, aujourd'hui Albertville, situé sur la rive droite du torrent. Obéissant à la voix d'un chef qui avait toute leur

confiance, et sous l'impression produite par l'an-
nonce du désastre de Waterloo, elles combatti-
rent avec un courage qui tenait du désespoir. Les
Français étaient encore maîtres de la rive droite
de l'Arly, lorsque la nouvelle d'un armistice
conclu par le maréchal Suchet mit fin à la lutte.
Leur perte était de plus de 100 hommes hors de
combat; mais l'ennemi comptait 800 hommes
tués ou blessés et 400 prisonniers.

L'histoire a conservé le rapport du colonel
Bugeaud, écrit le lendemain du combat et tout
empreint encore de l'animation de la lutte.

« Avant hier, écrit-il au maréchal Suchet, nous
« apprîmes les malheureux événements qui ont
« engagé l'Empereur à abdiquer; nous reçumes
« en même temps notre aigle, et nous jurâmes
« mille et mille fois, avec l'accent du désespoir,
« de périr tous plutôt que de nous laisser humilier.
« Je prononçai un petit discours suivi des ser-
« ments les plus forts et les plus solennels. »

Plus loin, le récit du combat contient ce passage, qui en retrace toute la vivacité :

« A ma voix, les troupes font volte-face et sur-
« le-champ je les ramenai au village. J'y rentrai
« avec les 2 compagnies de grenadiers au pas de
« charge, nous culbutâmes tout ce qui se trouvait
« devant nous; nous couvrîmes de morts les rues,
« les jardins et le quai, et nous fîmes 400 prison-
« niers. Jamais charge n'a été plus vigoureuse; la
« baïonnette a travaillé pendant dix minutes. »

Ces épisodes sanglants vivent encore aujour-
d'hui dans la mémoire des vieillards du pays, qui,
des hauteurs environnantes, en ont été les té-
moins.

Aux termes de la capitulation qui avait été
conclue, les corps français évacuèrent la vallée
de l'Isère, pour rentrer derrière les limites fixées
par le traité de Paris.

Suchet fit occuper par quelques bataillons de
gardes nationales les défilés de la Grotte et des
Echelles, les crêtes du mont du Chat, et le col de
ce nom. Il se porta lui-même, avec le gros de ses
forces, vers Seyssel et Bellegarde, pour défendre
le passage du Rhône et la route de Lyon, par les
gorges de Nantua ; il pouvait rallier ainsi la division Dessaix, qui se repliait par Saint-Claude, et
couvrir avec elle la seconde ville de l'empire.
Bubna, de son côté, avait, sans perdre de temps,
poussé le contingent piémontais sur Grenoble,
et s'avançait sur Lyon par les routes du pont
Beauvoisin et de Belley.

L'armée française, débordée de toutes parts,
voyait sa position devenir de plus en plus critique, à mesure que le théâtre de l'action s'éloi-
gnait des gorges des Alpes. Grenoble, dont la
garnison ne comptait que quelques dépôts et des
gardes nationales, et dont les défenses extérieures
étaient presque nulles, dut se rendre au général
piémontais de La Tour, après une honorable résistance.

Suchet, de son côté, repoussa, en avant de Nantua, une attaque où l'ennemi perdit 600 hommes; mais, obligé de céder à la supériorité des forces qui le pressaient de toutes parts, il jugea que la dernière heure de résistance avait sonné. Ne voulant pas, sans doute, malgré les moyens de défense dont il disposait encore, exposer Lyon à un bombardement, il signa une capitulation, à la suite de laquelle cette place fut occupée par l'ennemi.

Ainsi se termina cette lutte inégale, dans laquelle la France soutenait avec les débris de ses armées les efforts de l'Europe coalisée. Le combat de Conflans était un dernier éclair de la gloire militaire du premier empire.

Comme on le voit, la tactique du maréchal Suchet, pour la défense de cette frontière, consista à occuper les défilés des hautes vallées; ces débouchés une fois perdus, à se replier derrière la ligne formée par l'arête du mont du Chat, le Rhône et le Jura, et enfin, ces positions forcées, à concentrer son armée sur Lyon.

Cette tactique diffère complétement de celle du maréchal de Berwick, sans qu'il y ait lieu de s'en étonner.

Deux faits étaient venus modifier profondément les conditions de la défense de cette frontière : d'une part, l'immense supériorité des forces que déployait l'invasion, de l'autre, l'ouverture de la route du Simplon qui, en élargissant la base

d'opérations sur les Alpes, assurait à l'ennemi
sa ligne de retraite et faisait du bassin du lac de
Genève la clef des opérations contre Lyon. Ce
bassin forme en effet un saillant sur la frontière,
et, du moment où la gauche de l'armée française
était menacée, la défense des gorges de la Savoie
devenait inutile.

Dans les conditions où elle se trouvait, l'armée
austro-sarde, arrivée au pied du Jura et sur les
bords du Rhône, disposant d'une grande supériorité numérique, pouvait donc, sans danger,
marcher directement sur Lyon. C'est ce qu'elle
fit; quant à l'armée française, si elle s'était réfu-
giée dans le camp retranché de Barraux, elle eût
été réduite à quitter sa forte position.

Quelques critiques ont été adressées néan-
moins aux opérations du maréchal Suchet, par
un officier d'état-major qui a fait cette campagne
avec le contingent piémontais, et qui en a écrit la
relation (1).

Je les rapporterai ici, pour servir à l'instruc-
tion de mes jeunes camarades; et je puis le
faire d'autant plus librement, qu'en les suppo-
sant fondées, elles trouveraient une explication
dans l'infériorité si grande des forces du maréchal Suchet et dans la situation où combattait

(1) *Relation de la campagne de 1815*, par le comte
de Villette-Chevron, lieutenant-colonel d'état-major sarde,
sous-chef d'état-major du contingent piémontais.

l'armée française, après le désastre de Waterloo.

Ces critiques portent sur trois points :

Le poste de Valoire, qui a toujours exercé une si grande action pour la défense de la Maurienne, ne fut pas occupé.

Il en fut de même de Genève, à l'extrême gauche de la frontière; cette ville, mise en état de défense, aurait servi puissamment à entraver la marche de l'aile droite des alliés qui débouchait par le Simplon; ceux-ci s'étaient attendus à voir les Français s'en emparer dès le début des hostilités, ce qui aurait eu lieu sans difficulté, car 2 bataillons suisses en formaient la seule garnison.

Enfin, si les troupes qui avaient défendu Conflans s'étaient retirées dans les Bauges, elles auraient pu disputer encore avec avantage la possession des bassins environnants, et retarder la marche des ennemis. Le centre de l'armée française occupant ce massif montagneux, Grenoble et Genève servant de points d'appui aux deux ailes, l'ensemble formait une seconde et bonne ligne de défense en avant de celle du Rhône.

Rôle de la Savoie dans la défense de cette frontière.—La disposition qu'on vient d'indiquer répond à l'idée que l'on peut se former aujourd'hui de la défense de cette partie de la frontière des Alpes. Mais, en s'établissant sur cette ligne de bataille, il convient d'occuper, en avant du front, les gorges et les défilés rapprochés du pied des Alpes.

La neutralité de la Suisse, qui ferme la route du Simplon, et l'occupation du camp retranché du Chablais, viennent suppléer au point d'appui qu'on ne peut trouver à Genève. Quant au massif des Bauges, il devient le centre et le pivot de la défense; jeté, comme un grand redan, en avant du Rhône, le saillant tourné vers les Alpes, et pourvu de bonnes communications à la gorge, il couvre les voies ferrées qui circulent sur les deux rives du Rhône, ainsi que les points de passage du fleuve à Seyssel et à Culoz, qui devront être assurés par des têtes de pont. Le fleuve lui-même sera ainsi transformé de simple barrière défensive en base d'opérations, et, semblable à une courtine dont le Jura et le massif de la grande Chartreuse sont les bastions, il sert de seconde ligne de défense. Enfin la place de Lyon, avec le bassin de la Saône et du Rhône, forme le dernier boulevard de cette frontière du Jura et des Alpes.

Il reste une question secondaire sur laquelle je ne me hasarderai pas à me prononcer; c'est le choix de la ligne de défense la plus convenable pour intercepter les deux routes qui, de Conflans, se portent sur le Rhône par Annecy et par Chambéry, en longeant le pied des pentes escarpées des Bauges. On peut indiquer trois de ces lignes : celle de la rive gauche de l'Arly, qu'a défendue Bugeaud, en lui donnant pour appui, sur la gauche, où elle peut être facilement tournée, un point fortifié en face d'Ugine.

Celle du col de Tamié, appuyée à droite à une tête de pont sur l'Isère et à gauche à la position de Faverges (1), supposée fortifiée;

Enfin la ligne située plus en arrière, qui s'appuierait à droite à la position de Montmélian, pourvue d'une tête de pont sur l'Isère, et à gauche au lac d'Annecy.

En toute hypothèse, il paraîtrait utile de fermer, soit en face d'Ugine, soit à Faverges, l'ouverture par laquelle on pénètre dans le bassin du lac d'Annecy, afin de protéger la partie la plus peuplée et la plus riche du territoire de la Savoie, d'intercepter la ligne d'opérations sur Seyssel, et de rejeter l'invasion dans la vallée de l'Isère, où elle rencontrerait le plus d'obstacles.

Conclusion. — Après avoir terminé l'étude de la frontière de Nice, j'ai dit que l'acquisition de ce territoire avait mis entre les mains de la France des positions défensives qui ont toujours joué un grand rôle dans les guerres des Alpes.

Pour ce qui concerne la Savoie, la conclusion est analogue, sans doute; mais je dois à la vérité de dire qu'elle est moins absolue.

La France pouvait toujours occuper la Savoie dès le début des hostilités (2), et, sous ce rap-

---

(1) La position de Faverges a été étudiée récemment par le génie militaire.

(2) Au commencement d'une campagne, dit le général de Bourcet, on peut toujours regarder la Savoie comme étant à la disposition de la France.

port, tant que des ouvrages de fortification permanente, si on les juge utiles, ne seront pas venus fournir un nouvel élément à la situation, on pourra dire que les conditions de la défense de cette frontière ne sont pas essentiellement modifiées.

Le plateau du mont Cenis continuera à être ce qu'il a été pour le Piémont pendant les guerres de la Révolution, la véritable position de défense de l'Italie sur les Alpes. Cette position doit s'entendre de tout le pâté montagneux dont le plateau occupe le centre, et dont il assure l'occupation en cas de guerre (1).

La France, par le traité d'annexion, en a abandonné la possession à l'Italie, et l'équité le voulait peut-être ainsi : car, au point de vue de l'offensive, l'acquisition de la forteresse de Lesseillon et sa proximité de celle de Briançon ont accru les avantages que la France possédait déjà sur cette partie de la frontière.

La tête de la vallée de la Doire, où débouche le tunnel des Alpes, peut être occupée presque sans coup férir; et la ligne défensive de l'ancien Piémont entre Fenestrelle et Exilles, sans être entamée, a perdu un point d'appui utile sur sa droite.

(1) La position du plateau ou du grand mont Cenis avait pour défenses avancées les camps de *la Magdeleine*, de *Thermignon*, du *Petit-Mont-Cenis*, et la redoute *de Bramant* située au débouché du *vallon de Saint-Pierre*.

Nous ne pouvons mieux faire pour terminer cette étude que de reproduire ici quelques lignes de l'ouvrage de Lavallée sur les *Frontières de la France*, où le savant et regretté professeur a apprécié les nouvelles conditions de la frontière du sud-est, depuis l'annexion de la Savoie et du comté de Nice.

« L'annexion, dit-il, ou la restitution de la Sa-
« voie et de Nice, est le plus grand changement
« qu'aient subi depuis un demi-siècle les frontières
« de la France. Cette annexion n'a pas seule-
« ment rendu à la France des territoires peuplés
« de 700,000 habitants, des populations bonnes
« et dévouées, aussi françaises par le cœur que
« par la géographie, mais elle nous a donné des
« positions militaires de premier ordre, de nou-
« velles sûretés contre nos ennemis.

« Du côté de Nice, le Var, si facilement abor-
« dable, est couvert par la chaîne des Alpes.
« Toulon se trouve garanti de toute agression
« continentale; un port militaire, Villefranche,
« se trouve ajouté à notre frontière maritime.

« Du côté de la Savoie, la grande route du
« mont Cenis nous appartient avec celle du pe-
« tit Saint-Bernard. Lyon et le Rhône sont ga-
« rantis de toute agression venant des Alpes.
« La porte de Genève est cernée et rendue inu-
« tile; la Suisse, enveloppée à l'occident et au
« midi, gardée et protégée par notre voisi-
« nage, est désormais en mesure de défendre

« sa neutralité. Tous les défilés du Jura se trou-
« vent ainsi fermés, et par contre-coup la porte
« de Bâle ; enfin les fortifications de Paris venant
« se joindre à toutes ces sûretés, la frontière du
« nord-est a repris toute sa puissance et toute
« son utilité. »

TABLE DES MATIÈRES.

Paris.—Imp. de Cosse et J. Dumaine, rue Christine, 2.

EXTRAIT DU CATALOGUE

DE LA

LIBRAIRIE MILITAIRE DE J. DUMAINE

LIBRAIRE-ÉDITEUR DE L'EMPEREUR

30, Rue et Passage Dauphine, 30

COMMISSION DES CONFÉRENCES RÉGIMENTAIRES

1re SÉRIE. — 1869

1re CONFÉRENCE. — Considérations générales sur l'état militaire de la France et des
principales puissances étrangères. Rapporteur :
M. NUGUES, lieutenant-colonel d'état-major.
In-18.   30 cent.

2e CONFÉRENCE. — I. Armement nouveau.
— II. Considérations générales sur les modifications que la tactique doit subir par
suite du nouvel état de l'armement euro-
péen. Rapporteur : M. MALDAN, Chef d'escadron d'artillerie. In-18.   30 cent.

3e CONFÉRENCE sur l'emploi des chemins de
fer à la guerre et sur la Télégraphie militaire. Rapporteur : M. PREVOST, Chef de
bataillon du génie. In-18.   30 cent.

4e CONFÉRENCE sur la tactique séparée de la
cavalerie. Rapporteur : M. SAVIN-DE-LAR-
CLAUSE, Chef d'escadrons au 3e hussards. In-
18.   30 cent.

5e CONFÉRENCE. — Exposé sommaire de la
Campagne d'Allemagne en 1866. Rapporteur : M. CH. FAY, Chef d'escadron d'état-
major. In-18.   30 cent.

6e **CONFÉRENCE** sur la tactique de l'infanterie prussienne pendant la campagne de 1866. Rapporteur : M. HEINTZ, Chef de bataillon au 3e régiment de voltigeurs de la garde impériale. In-18.   30 cent.

7e **CONFÉRENCE** sur l'emploi de la cavalerie en Allemagne pendant la campagne de 1866. Rapporteur : M. CHARREYRON, Lieutenant-Colonel du 11e régiment de chasseurs. In-18.   30 cent.

8e **CONFÉRENCE** sur la tactique des trois armes dans la division. Rapporteur : M. LANTY, Chef de bataillon du génie. In-18.   40 cent.

9e **CONFÉRENCE.** — **De la géographie de l'Allemagne.** Rapporteur : M. CH. FAY, Chef d'escadron d'état-major. In-18.   40 cent.

10e **CONFÉRENCE.** — **De l'organisation militaire de l'Allemagne.** Rapporteur : M. CH. FAY, Chef d'escadron d'état-major. In-18.   30 cent.

11e **CONFÉRENCE** sur l'Artillerie de campagne, son emploi dans la guerre de 1866. Rapporteur : M. SAUNIER, Lieutenant-Colonel du 11e d'artillerie. In-18.   40 cent.

12e **CONFÉRENCE** sur le rôle de la Fortification dans les combats. Rapporteur : M. F. PREVOST, Chef de bataillon du génie. In-18.   30 cent.

CONFÉRENCE sur le service de santé en campagne; par M. LEGOUEST, Médecin principal de 1re classe. In-18.   40 cent.

CONFÉRENCE sur la Garde nationale mobile. Rapporteur : M. CH. CORBIN, Chef d'escadron d'état-major. In-18.   40 cent.

CONFÉRENCE de quelques récents travaux sur la tactique. In-18. 30 cent.

Carte du théâtre des opérations en Bohême, en 1866. 1 feuille. 30 cent.

Plan de bataille de Sadowa (3 juillet 1866). 1 feuille. 30 cent.

NOTA.—Ces deux cartes sont publiées à l'appui de la conférence régimentaire n° 5. — Exposé sommaire de la Campagne d'Allemagne en 1866.

Carte générale de l'Allemagne contenant, outre les indications géographiques habituelles, et les nouvelles divisions politiques, les lignes principales des chemins de fer allemands. 1 feuille. 30 cent.

NOTA. — Cette carte est publiée à l'appui de la conférence régimentaire sur la géographie de l'Allemagne.

2ᵉ SÉRIE. — 1860-1870

N° 1. — **CONFÉRENCE sur la marche d'un corps d'armée;** par M. LEWAL, Colonel d'état-major. In-18 avec planches. 75 cent.

N° 2. — **Étude sur la Campagne de 1866 en Italie et sur la bataille de Custozza;** par J. VIAL, Chef d'escadron d'état-major, Professeur d'art et d'histoire militaires à l'École impériale d'état-major. In-18. 50 cent.

N° 3. — **De la cavalerie dans le passé et dans l'avenir;** par M. D'ANDLAU, Lieutenant-Colonel d'état-major. In-18. 75 cent.

N° 4. — **CONFÉRENCE sur la Tactique de l'infanterie;** par M. CHARLES DESCHAMPS, Capitaine au 3ᵉ régiment de tirailleurs algériens. In-18. 40 cent.

SOUS–PRESSE :

N° 5. — **Étude sur la frontière du sud-est** depuis l'annexion à la France de la Savoie et du Comté de Nice ; par M. BORSON, colonel d'état-major. In-18.

N° 6. — **CONFÉRENCE** sur les opérations de **nuit en campagne** ; par Jules BOURELLY, capitaine d'état-major.   50 cent.

N° 7. — **CONFÉRENCE** sur l'insurrection de **la Dalmatie (1869)** ; par M. DERRÉGAGAIX, capitaine d'état-major.   50 cent.

CONFÉRENCES MILITAIRES BELGES

N° 1. — **Tactique de l'infanterie** ; par le Capitaine Ch. PONTUS, du régiment des grenadiers. 1 vol. in-12. Bruxelles. 1870.   80 cent.

N° 2. — **Des chemins de fer en temps de guerre** ; par A. DE FORMANOIR, Capitaine d'état-major. 1 vol. in-12, avec gravures. Bruxelles. 1870.   1 fr.

N°ˢ 3-4. — **La fortification improvisée** ; par A. BRIALMONT, Colonel d'état-major. 1 vol. in-12, avec planches. Bruxelles. 1870.   2 fr.

Paris. — Imp. Cosse et J. Dumaine, r. Christine, 2.

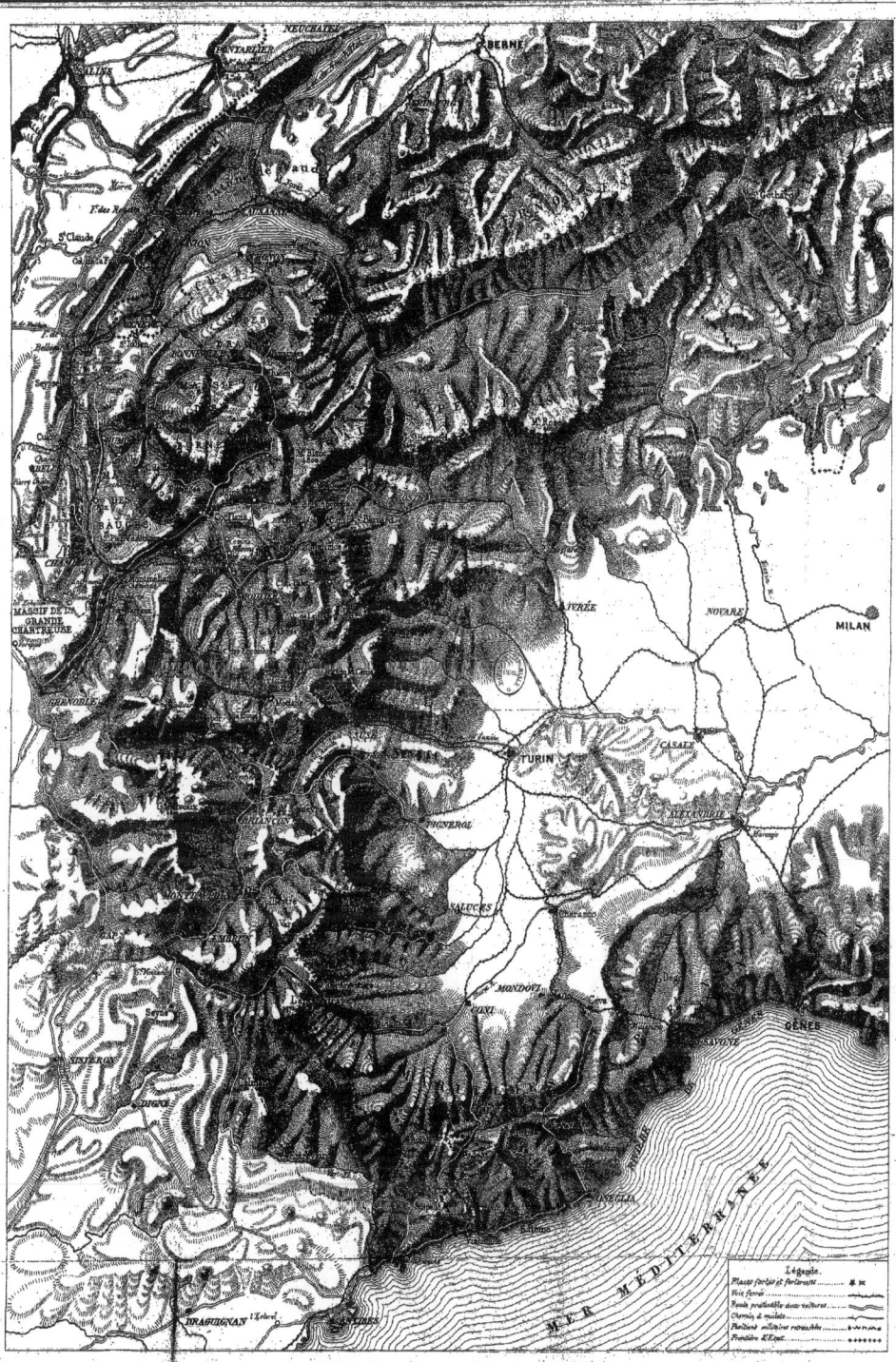

Légende.
Places fortes et fort avancés ...
Voie ferrée ...
Route praticable aux voitures ...
Chemin à mulets ...
Frontière militaire retranchée ...
Frontière d'État ...

NEUCHATEL — BERNE — PONTARLIER — St CLAUDE — GRENOBLE — MASSIF DE LA GRANDE CHARTREUSE — BRIANÇON — EMBRUN — SISTERON — DIGNE — DRAGUIGNAN — IVRÉE — NOVARE — MILAN — TURIN — CASALE — ALEXANDRIE — PIGNEROL — SALUCES — MONDOVI — CUNI — GÊNES — SAVONE — ONEGLIA — MER MÉDITERRANÉE

Échelle de 1/500,000

Librairie Militaire de J. Dumaine, Libraire Éditeur de l'Empereur.

30. Rue et Passage Dauphine.